Lieblings-Rezepte

Sabine Kählau

Lieblings-Rezepte

100 klassische Gerichte aus aller Welt

GONDROM

Inhaltsverzeichnis
100 klassische Rezepte aus aller Welt

Vorwort 6	Blutwurst mit Linsen 30
	Böhmischer Karpfen 32
Appenzeller Chäshörnli 8	Boeuf Stroganow 34
Arme Ritter 10	Bouillabaisse 36
Baeckaoffa 12	Caesar's Salad 38
Bayerische Creme 14	Cassoulet 40
Berliner Buletten 16	Chili con carne 42
Berliner Eisbein 18	Chop Suey 44
Bigosch 20	Coniglio con olive 46
Bircher-Benner Müsli 22	Coq au vin 48
Bismarckhering 24	Creolische Bohnen und Reis 50
Blaue Zipfel 26	Dampfnudeln 52
Blini 28	Döppekooke 54

Erdbeer-Charlotte	56	Piroschki	132
Falscher Hase	58	Pizza Margherita	134
Filet Wellington	60	Pot au Feu	136
Flammküchle	62	Putensandwich	138
Fondue bourguignonne	64	Quiche Lorraine	140
Gaisburger Marsch	66	Raclette	142
Gazpacho	68	Rheinische Muscheln	144
Gnocchi mit Gorgonzola-Sauce	70	Rheinischer Sauerbraten	146
Gosht Kari (Lammcurry)	72	Rinderrouladen mit Rotkohl	148
Graved Lachs	74	Risi-Pisi zu Hähnchenbrust	150
Grüne Sauce	76	Roastbeef mit Beilagen	152
Grünkohl mit Mettwurst	78	Rote Grütze	154
Gumbo	80	Salat Tête de Moine	156
Hamburger Pannfisch	82	Saltimbocca	158
Himmel und Erde	84	Sbrinzrisotto	160
Irish Stew	86	Schinken mit Spargel	162
Jambalaya	88	Schleizer Bamser	164
Käsefondue	90	Schnitzel Holstein	166
Kaiserschmarrn	92	Schupfnudeln	168
Karpfen blau	94	Schwäbische Maultaschen	170
Kartäuser-Klöße	96	Smörrebröd	172
Kasseler mit Erbsenpüree	98	Soljanka	174
Königsberger Klopse	100	Spagetti alla bolognese	176
Kuzu Pilav	102	Steak and Kidney Pie	178
Labskaus	104	Sushi	180
Lammhackfleisch-Pastete	106	Tafelspitz mit Apfelkren	182
Leberkäse-Toast	108	Tempura	184
Marillenknödel	110	Thanksgiving Turkey	186
Martinsgans	112	Thüringer Rotkrautwickel	188
Matjes mit Speckstippe	114	Topfenpalatschinken	190
Mousse au chocolat	116	Tortilla de patata	192
Nasi Goreng	118	Updrögt-Bohnen	194
Obatzda	120	Waldorfsalat	196
Ossobuco alla milanese	122	Welfenspeise	198
Paella	124	Westfälisches Blindhuhn	200
Pariser Zwiebelsuppe	126	Wiener Schnitzel	202
Pfefferpotthast	128	Züricher Geschnetzeltes	204
Pichelsteiner	130	Zwiebelkuchen	206

Vorwort
100 klassische Rezepte aus aller Welt

Viele Gerichte können Geschichten erzählen. Wir haben hingehört und für Sie aufgeschrieben, was es zu den einzelnen Spezialitäten zu sagen gibt. Wussten Sie schon, dass etliche Klassiker aus den Kochtöpfen der Welt nur aus der Not heraus geboren wurden? Denken Sie zum Beispiel an das typische Seemannsgericht Labskaus, bestimmt nicht jedermanns Sache. Für viele andere jedoch eine Offenbarung! Andere Gerichte, wie das Roastbeef, sind erlesene Kreationen, die früher mit einem Fanfarenstoß am Königshof angekündigt wurden. Aber lesen Sie selbst.

Zu den historischen Schmankerln gibt es natürlich auch die Rezepte. Allerdings mit manchen Änderungen. Denn Geschmack, Kochtechniken und Zutaten haben sich im Laufe der Jahrhunderte gewandelt. Bei den Rezepten in diesem Buch sind deshalb häufig die Erleichterungen des heutigen Kochalltags mit berücksichtigt worden.

Echte „Urrezepte" gibt es nur wenige. Früher wurden die Rezepte von Hausfrau zu Hausfrau weitergegeben. Wer weiß, was im Laufe der Jahre auf der Strecke blieb oder dazugedichtet wurde! Häufig mussten Standardrezepte mit den Zutaten, die die Natur gerade hergab, abgewandelt werden. Aber welche Variation wir auch ausgewählt haben – lecker sind sie alle! Ihre Familie, Ihre Freunde, Ihre Gäste werden begeistert sein.

Afiyet Olsun
türkisch

Buon appetito
italienisch

Smacznegol
polnisch

Bon appétit
französisch

Velbekommen
norwegisch

Guten Appetit
deutsch

Buen aprovechoa
spanisch

Prijatnoga appetita
russisch

Omeshiagare
japanisch

Selamat Makan
indonesisch

Dobrou chuť
tschechisch

Appenzeller Chäshörnli
Geschichtetes aus der Schweiz

6 Äpfel

100 ml Apfelsaft

1–2 EL Zucker

1/4 TL Zimt

200 g Appenzeller Switzerland

1 Zwiebel

1/2 Bund Petersilie

30 g Butter

200 g Schlagsahne

Salz, Pfeffer

400 g Hörnchen-Nudeln

👤👤👤👤 • Zubereitungszeit ca. 30 Minuten
Pro Person ca. 890 Kalorien • 3554 Joule

1. Äpfel schälen, vierteln, entkernen und in Stücke schneiden. Zusammen mit dem Saft aufkochen und bei schwacher Hitze köcheln lassen, bis die Äpfel zerfallen. Apfelmus mit Zucker und Zimt abschmecken.
2. Appenzeller grob reiben. Zwiebel schälen und in Streifen schneiden. Petersilie waschen, trockenschütteln und hacken. Zwiebel in der Butter glasig dünsten, Petersilie unterrühren. Sahne zugießen, kurz erhitzen und mit Salz und Pfeffer würzen.
3. In der Zwischenzeit Nudeln in reichlich Salzwasser al dente kochen, abgießen und gut abtropfen lassen. Anschließend lagenweise mit dem Käse in vorgewärmten Schüsseln anrichten. Zwiebelsahne darüber gießen. Apfelmus extra dazu reichen.

TIPP Äpfel sollten Sie möglichst kühl und für sich lagern. Denn die Paradiesfrüchte strömen ein Gas aus, das den Reifevorgang beschleunigt. Deshalb würde anderes, neben den Äpfeln liegendes Obst, schnell überreif werden.

Von Gremplern und Salzern

Seit über 700 Jahren ist der Appenzeller Käse in der Schweiz bekannt. Schon im Mittelalter ließen sich die Mönche des Klosters St. Gallen den Käse schmecken, den sie als Zehntabgabe von den Appenzellern erhielten. Viele Schweizer verdankten damals ihr Auskommen dem Käse. Neben den Sennern verdienten auch die „Grempler" mit ihm ihren Lebensunterhalt. Sie waren für den Transport des Käses zuständig. Die Grempler holten die Milchprodukte bei den Sennern ab und brachten sie ins Tal, und dort auch ins Kloster St. Gallen. Ein Grempler hatte in seinen Kellereien einige tausend Laibe Käse. Die Aufgabe des Salzers war es, diese zu pflegen und mit der geheimen Kräutersulz zu behandeln, die dem Appenzeller Käse seinen typischen Geschmack verleiht.

Arme Ritter
Süßes aus Deutschland

🚶🚶🚶🚶 • Zubereitungszeit ca. 45 Minuten
Pro Person ca. 900 Kalorien • 3780 Joule

Für das Kompott:

500 g Pflaumen

250 ml Weißwein

4 EL Zucker

1 Zimtstange

Für die Armen Ritter:

500 ml Milch

4 Eier

8 EL Zucker

1 Päckchen Vanillin-Zucker

12 Scheiben Weißbrot vom Vortag

4 EL Paniermehl

1 TL Zimt

125 g Butter

1. Pflaumen waschen, halbieren und entsteinen. Wein, Zucker und Zimtstange in einen Topf geben und aufkochen. Pflaumen hineingeben und 5 Minuten im Weinsud köcheln lassen. Abkühlen lassen.

2. Milch, Eier, 4 EL Zucker und Vanillin-Zucker verquirlen, in eine große flache Schale gießen. Weißbrotscheiben darin einweichen, bis sie vollgesogen sind. Paniermehl in einen tiefen Teller streuen. Restlichen Zucker und Zimt vermischen.

3. Butter nach und nach in einer Pfanne erhitzen. Brotscheiben aus der Eiermilch nehmen, abtropfen lassen, im Paniermehl wenden und von beiden Seiten in der Butter goldbraun braten. Arme Ritter aus der Pfanne nehmen, dick mit Zimt-Zucker bestreuen und zusammen mit dem Pflaumenkompott servieren.

TIPP
Manchmal lassen sich Pflaumen nur mühsam entsteinen, da der Stein zu fest sitzt. Hier hilft die Mikrowelle auf einfache Art. 100 g Früchte bei 180 Watt etwa eine Minute erwärmen, dann lässt sich der Stein problemlos herauslösen.

Beliebtes Kindergericht aus der Pfanne

Wer die Armen Ritter erfunden hat, ist unklar. Die Schleswig-Holsteiner meinen, sie wären die ersten gewesen und servieren die süßen Brotscheiben mit Zimt-Zucker. Auch in Mecklenburg kennt man das Rezept seit altersher, hier gibt es meist Himbeersaft dazu. Die Hamburger glauben, dass sie die ersten waren, die die Armen Ritter in die Pfanne gepackt haben, und essen sie am liebsten mit Apfelmus. Und auch anderenorts deklamiert man das typische „Resteessen" als ureigene Spezialität. Kein Wunder, denn schließlich hat man immer und überall das Problem, altbackenes Brot zu verwerten, um es der Familie und besonders den Kindern schmackhaft zu machen.

Baeckaoffa

Typisch alemannisch

500 g Schweinenacken

500 g Lammschulter

500 g Rinderbrust

Salz, Pfeffer

250 g Zwiebeln

3 Knoblauchzehen

je 1 Bund Petersilie und Thymian

2 Lorbeerblätter

500 ml Riesling

1 kg Kartoffeln

👤👤👤👤👤👤 • Zubereitungszeit ca. 3 Stunden (ohne Wartezeit)
Pro Person ca. 810 Kalorien • 3400 Joule

1. Fleisch in gleich große Würfel schneiden, salzen und pfeffern. Zwei Zwiebeln und Knoblauch schälen und hacken. Kräuter waschen. Alles mischen, salzen, pfeffern und mit etwas Wein begießen. Abgedeckt über Nacht durchziehen lassen.

2. Am nächsten Tag restliche Zwiebeln und Kartoffeln schälen und in dünne Scheiben schneiden.

3. In einen Steinguttopf zuerst eine dünne Schicht Kartoffelscheiben legen, darauf das Fleisch verteilen, dann die Zwiebeln und zum Schluss die restlichen Kartoffeln schichten. Alles mit restlichem Wein und der aufgefangenen Marinade begießen.

4. Topf mit einem Deckel verschließen und im vorgeheizten Backofen (E-Herd: 200 °C/Gasherd: Stufe 3) 2-2 1/2 Stunden garen. 20 Minuten vor Ende der Garzeit den Deckel abnehmen, damit der Baeckaoffa braun wird.

TIPP Zwiebeln enthalten ätherische Öle, die, wenn sie beim Schneiden freigesetzt werden, die Augen zum Überlaufen bringen. Eindämmen lässt sich die Tränenflut durch Speiseöl. Reiben Sie das Messer einfach vorher und zwischendurch mit Öl ein. Ebenfalls tränenärmer gelingt das Zwiebelschälen, wenn die Knollen vorher ca. 15 Minuten im Eisfach liegen.

Sparsamkeit ist auch beim Kochen ein guter Ratgeber

Der Baeckaoffa ist genauso im Elsass wie in Baden, der Pfalz und dem Schwabenland zu Hause. Dieses alte alemannische Gericht wird überall dort zubereitet, wo dieses Volk einst siedelte. Der Baeckaoffa besteht aus unterschiedlichen Fleischstücken, Kartoffeln und Zwiebeln. Zutaten, die früher immer zur Hand waren. Der geschichtete Eintopf wurde immer nach dem Brotbacken in den noch warmen Ofen geschoben. So konnte die Resthitze bestens ausgenutzt werden. Mancherorts haben unsere Vorfahren den Baeckaoffa auch mit den Teigresten abgedeckt, die vom vorherigen Brotbacken übrig geblieben waren.

Bayerische Creme
Feines deutsches Dessert

250 ml Milch

1 Vanilleschote

6 Blatt weiße Gelatine

5 Eigelb

125 g Zucker

250 g Schlagsahne

♀ ♀ ♀ • Zubereitungszeit ca. 40 Minuten (ohne Wartezeit)
Pro Person ca. 460 Kalorien • 1930 Joule

1. Milch in einen kalt ausgespülten Topf gießen. Vanilleschote der Länge nach aufschlitzen und in die Milch geben. Alles einmal aufkochen lassen, danach wieder etwas abkühlen lassen und die Vanilleschote entfernen.

2. In der Zwischenzeit Gelatine in kaltem Wasser einweichen. Eigelb und Zucker in einer Schüssel dickschaumig schlagen. Die abgekühlte Milch unter ständigem Rühren in die Eicreme gießen. Schüssel in ein heißes Wasserbad setzen und unter ständigem Schlagen langsam, bis kurz vor dem Siedepunkt, erhitzen. Dann Gelatine ausdrücken, auflösen und in die Eicreme rühren.

3. Die Schüssel in sehr kaltes Wasser setzen und die Creme kaltrühren.

4. Sahne steif schlagen und wenn die Creme zu gelieren beginnt, unterziehen. Creme in eine kalt ausgespülte Form geben und im Kühlschrank erstarren lassen. Gestürzte Creme nach Belieben mit Fruchtpüree und frischen Früchten servieren.

TIPP Tauchen Sie die Form vor dem Stürzen kurz in heißes Wasser, dann rutscht die Creme fast wie von selbst heraus.

Ein süßer Traum aus Vanillemilch, Eiern und Sahne

Das edle Dessert ist auch unter den Namen Bayerische Rahmsulze oder Crème Bavaroise bekannt. Früher ließ man die Creme in speziellen hohen, mit vielen Ausbuchtungen versehenen Kupferformen steif werden, um anschließend ein besonders attraktives Dessert präsentieren zu können. Das Rezept soll bereits am Hof des französischen Königs Karl VI. serviert worden sein. Seine Gemahlin Isabeau de Bavière (1371–1435), Tochter des Bayernherzogs Stephan, hat diese Spezialität, so sagt man, besonders geliebt. Ob sie das Rezept selber erfand oder aus ihrer Heimat mitbrachte, ist nicht bekannt.

Berliner Buletten
Erstes Fastfood aus Deutschland

♦♦♦♦ • *Zubereitungszeit ca. 30 Minuten*

Pro Person ca. 460 Kalorien • 1930 Joule

1. Schrippe in Wasser einweichen. Zwiebel schälen und fein hacken. Schrippe ausdrücken, mit Zwiebel, Hackfleisch und Ei verkneten, mit Salz, Pfeffer und Muskatnuss würzen.

2. Aus der Hackmasse 8 runde, etwas abgeflachte Bälle formen. Schmalz in einer Pfanne erhitzen und die Buletten darin von jeder Seite 5 Minuten braten. Die Buletten zusammen mit einer Schrippe und Mostrich (Senf) servieren.

1 Schrippe (Brötchen) vom Vortag

1 Zwiebel

250 g Rinderhackfleisch

250 g Schweinehackfleisch

1 Ei

Salz, Pfeffer

abgeriebene Muskatnuss

50 g Butterschmalz

TIPP
Bekommen Sie das Ei nicht aus der Verpackung, weil es festgeklebt ist? Dann stellen Sie den Eierkarton samt Inhalt in kaltes Wasser. Das löst die Verklebung und Sie können das Ei leicht aus der Verpackung nehmen.

Typischer Berliner Kneipen-Imbiss

Laut Überlieferung soll der Kneipenwirt Eduard Martin im Jahre 1903 diese ureigene Berliner Spezialität das erste Mal seinen Gästen kredenzt haben. Auch heute noch wird die Bulette in jeder Berliner Destille kalt, zusammen mit Mostrich und Schrippe serviert. Der Name leitet sich vom französischen boule (Kugel) ab.

Berliner Eisbein
Traditionelles aus Deutschland

♀♀♀♀ • *Zubereitungszeit ca. 2 1/2 Stunden*
Pro Person ca. 580 Kalorien • 2440 Joule

4 Eisbeine
(à 400 g, leicht gepökelt)

4 Zwiebeln

5 Lorbeerblätter

1 TL Pfefferkörner

5 Wacholderbeeren

1 1/2 TL Zucker

6 Gewürznelken

800 g Sauerkraut

1. 3 Liter Wasser in einem großen Topf zum Kochen bringen. Eisbeine kalt abspülen und in den Topf geben. 2 Zwiebeln schälen und vierteln, zusammen mit 3 Lorbeerblättern, Pfefferkörnern, Wacholderbeeren und 1 TL Zucker ebenfalls ins kochende Wasser geben. Topf zudecken und die Eisbeine bei schwacher Hitze 1 1/2 Stunden köcheln lassen. Anschließend herausnehmen.

2. Kochbrühe durch ein Sieb gießen. Eisbeine wieder in den Topf legen und mit 1/2 Liter Brühe begießen. Restliche Zwiebeln schälen und mit Gewürznelken und restlichen Lorbeerblättern spicken. Zwiebeln mit zerzupftem Sauerkraut und restlichem Zucker in den Topf geben und im geschlossenen Topf bei schwacher bis mittlerer Hitze weitere 40 Minuten garen. Als Beilagen schmecken Erbsenpüree und Salzkartoffeln.

TIPP Lagern Sie Pfefferkörner, Wacholderbeeren, Gewürznelken und andere Gewürze immer in fest verschlossenen, dunklen Gefäßen und verschiedene Gewürze nie im selben Behälter, denn sie beeinflussen sich gegenseitig in Geruch und Geschmack.

Was hat das Eisbein mit Eis zu tun?

Diese typische Berliner Spezialität ist für jeden Besucher der Hauptstadt ein kulinarisches Muss. Das Eisbein wurde Anfang 1800 erstmals in einer Gaststätte am ehemaligen Görlitzer Bahnhof serviert. Der für ein Gericht so seltsame Name rührt von der damals äußerst beliebten Freizeitbeschäftigung, dem Schlittschuhlaufen, her. Denn die früheren Schlittschuhe wurden häufig aus den sehr harten und widerstandsfähigen Beinknochen des Schweins angefertigt.

Bigosch
Deftiges aus Polen

800 g Schweinenacken

2 Knoblauchzehen

Salz, Pfeffer

3 EL Rapsöl oder Schweineschmalz

200 ml Fleischbrühe

1 Weißkohl (1,2 kg)

1 TL Kümmel

👤👤👤 • Zubereitungszeit ca. 2 Stunden
Pro Person ca. 530 Kalorien • 2230 Joule

1. Fleisch in Würfel schneiden. Knoblauch schälen und zerdrücken. Fleischwürfel mit Knoblauch, Salz und Pfeffer vermischen.

2. Öl in einem Bräter erhitzen, Fleisch darin kräftig anbraten. Mit der Hälfte der Brühe ablöschen und abgedeckt im vorgeheizten Backofen (E-Herd: 175 °C/ Gasherd: Stufe 2) ca. 30 Minuten schmoren.

3. Weißkohl putzen, vierteln und den harten Strunk entfernen. Kohl zerkleinern, mit restlicher Brühe und Kümmel zum Fleisch geben, bei gleicher Temperatur eine weitere Stunde schmoren lassen. Wenn nötig, zwischendurch noch etwas Brühe angießen.

TIPP Am besten schmeckt Bigosch, wenn er dreimal aufgewärmt wurde und möglichst heiß auf den Tisch kommt. Wollen Sie Ihre Gäste echt polnisch verwöhnen, sollten Sie dazu eisgekühlten Wodka servieren.

Polnisches Nationalgericht

Die Tradition des Bigosch, auch unter dem Namen Bigos bekannt, reicht weit in die polnische Vergangenheit zurück. Er war Reiseproviant und Jagdessen, wurde alltags oder zu Festen serviert. Der Eintopf ist eine Komposition mit vielen Variationen, jede Hausfrau kocht ihn nach eigenem Rezept. Je nach Gegend wird er mit Weiß- oder Sauerkraut bereitet. Das Schweinefleisch kann auch durch Wild oder Geflügel ersetzt werden. In Oberschlesien gibt die Hausfrau noch Äpfel und Kartoffeln mit hinein.

Bircher-Benner Müsli
Kerniges aus der Schweiz

200 g Köllns Kernige

250 ml Milch

125 g Schlagsahne

2 Äpfel

2 Bananen

Saft von 1 Zitrone

2 Orangen

50 g gehackte Haselnüsse

2 EL Honig

ⵜⵜⵜⵜ • Zubereitungszeit ca. 20 Minuten
Pro Person ca. 550 Kalorien • 2310 Joule

1. Haferflocken mit Milch und Sahne übergießen und weichen lassen.

2. In der Zwischenzeit Äpfel waschen, vierteln, entkernen und in Stücke schneiden, Bananen schälen, in Scheiben schneiden und mit Zitronensaft beträufeln. Orangen schälen und in Stücke schneiden.

3. Obst mit Haselnüssen und Honig mischen. Alles unter die Haferflocken heben.

TIPP Bananen sind druckempfindlich und sollten deshalb möglichst nebeneinander liegend aufbewahrt werden. Die günstigste Lagertemperatur liegt bei 12 Grad. Der Kühlschrank eignet sich nicht als Aufbewahrungsort, denn durch Kälte leiden Geschmack und Aroma der Südfrucht.

Gesundheit, die schmeckt

Der medizinische Außenseiter Maximilian Oskar Bircher-Benner (1867–1939) stellte sich schon früh gegen die Schulmedizin. Lange vor der Entdeckung der Bedeutung von Vitaminen und Ballaststoffen für die menschliche Gesundheit erzielte Bircher-Benner mit seiner Ernährungstherapie beachtliche Erfolge. Er entwickelte eine „Heilnahrung" auf Rohkostbasis, empfahl seinen Patienten langsames Kauen und sorgfältiges Einspeicheln der Nahrung, positives Denken durch Ordnung auf dem Teller, im Körper, im Geist sowie einen Spaziergang noch vor dem Essen.

Bismarckhering
Würziges aus Deutschland

👤👤👤👤 • Zubereitungszeit ca. 1 Stunde (ohne Wartezeit)
Pro Person ca. 1160 Kalorien • 4870 Joule

1 kg festkochende Kartoffeln

100 g magerer,
durchwachsener Speck

2 Zwiebeln

30 g Butterschmalz

Salz, Pfeffer

6 Gewürzgurken
(à 50 g, aus dem Glas)

250 g Speisequark (20 %)

50 g Remoulade

4 Bismarckheringe (à 150 g)

4 Rollmöpse (à 125 g)

1. Kartoffeln in der Schale garen, abgießen, abschrecken, pellen und auskühlen lassen.

2. Speck fein würfeln. Zwiebeln schälen und hacken. Kartoffeln in Scheiben schneiden. Schmalz in einer Pfanne erhitzen, Speck darin glasig dünsten. Kartoffelscheiben zufügen, salzen, pfeffern und die Zwiebeln darüber streuen. Bei mittlerer Hitze so lange braten, bis die unteren Kartoffelscheiben bräunen, dann wenden und die anderen Seiten bräunen.

3. 2 Gewürzgurken fein würfeln, mit Quark und Remoulade verrühren, mit Salz, Pfeffer und evtl. etwas Gurkensud abschmecken.

4. Restliche Gurken der Länge nach halbieren. Bismarckheringe und Rollmöpse mit Bratkartoffeln, Gurkenquark und Gurken auf Tellern anrichten. Quark evtl. mit Kräutern garnieren.

TIPP
Besonders schön gleichmäßig werden die Kartoffelscheiben, wenn Sie sie im Eierschneider zerteilen und schnell geht es auch noch. Dafür müssen die Kartoffeln allerdings gut ausgekühlt sein – am besten Sie kochen sie schon am Vortag.

Wie die Heringsspezialitäten zu ihrem Namen kamen
Otto Fürst von Bismarck gewährte in den Reichsgründungstagen der Fischindustrie einen großzügigen Kredit. Die Fischer des Ostseeraums bedankten sich bei ihm, indem sie einem in einer würzigen Marinade eingelegten Hering seinen Namen verliehen. Wurde das eingelegte Bismarckheringsfilet anschließend so aufgerollt, dass das Heringsschwänzchen oben die Rolle zierte wie das Stummelschwänzchen den Mops, hieß die Delikatesse Rollmops.

Blaue Zipfel

Schmankerl aus Deutschland

3 große Zwiebeln

200 ml Essig

150 g Möhren

150 g Knollensellerie

2 Gewürznelken

2 Lorbeerblätter

1 TL Pfefferkörner

1 TL Senfkörner

1 TL Wacholderbeeren

1 Prise Salz

1 Prise Zucker

300 ml Frankenwein

18 kleine Bratwürste (z.B. Nürnberger)

1/2 Bund Petersilie

👤👤👤👤 • Zubereitungszeit ca. 1 Stunde
Pro Person ca. 450 Kalorien • 1890 Joule

1. Zwiebeln schälen und in Ringe schneiden.

2. 1 Liter Wasser, Essig und Zwiebelringe in einen weiten Topf geben und so lange kochen, bis die Zwiebelringe weich sind.

3. Möhren und Sellerie schälen, Möhren in Scheiben und Sellerie in Würfel schneiden. Gemüse zusammen mit Gewürzen und Wein in das Essigwasser geben und bei schwacher Hitze ca. 20 Minuten köcheln lassen.

4. Topf von der Kochplatte nehmen und die Bratwürste ca. 10 Minuten darin ziehen lassen. Die Blauen Zipfel sind fertig, wenn sie sich fest anfühlen. Petersilie waschen, trockenschütteln und hacken. Die Blauen Zipfel mit dem kompletten Sud servieren, mit Petersilie bestreuen. Dazu nach Belieben Meterbrot reichen.

TIPP Greifen Sie beim Einkauf immer zu einer mittelgroßen Sellerieknolle ohne Nebenwurzeln und prüfen Sie sie, bevor sie in Ihren Einkaufskorb wandert. Wiegt die Knolle verhältnismäßig wenig, fühlt sich weich an und klingt beim Klopfen hohl, dann ist das Gemüse alt, innen pappig und sollte im Regal liegen bleiben. Große Knollen werden manchmal auch stückweise angeboten. Solch ein Stück sollten Sie unbedingt schnell verbrauchen und bis zum Kochen in Frischhaltefolie verpackt im Gemüsefach des Kühlschranks lagern.

Die Wurst mit dem Blauschimmer

Bereits 1721 wurde im „Nürnbergischen Kochbuch" Bratwurstsuppe mit Ingwer, Pfeffer und Muskatblüte empfohlen. Die Blauen Zipfel, die mancherorts auch saure Zipfel genannt werden, sind eine weitere Erfindung der Franken, um ihre leckeren, mit Majoran gewürzten Bratwürste zu verspeisen. Der Name bezieht sich auf das leicht bläuliche Aussehen der Würste.

Blini
Pfannküchlein aus Russland

🧍🧍🧍🧍 • Zubereitungszeit ca. 1 1/4 Stunden
Pro Person ca. 560 Kalorien • 2350 Joule

125 g Weizenmehl

125 g Buchweizenmehl

1/2 Würfel (21 g) frische Hefe

4 EL Zucker

250 ml Kefir

2 Eier

1 Prise Salz

6 EL Butter zum Braten

150 g saure Sahne

1 Glas (212 ml) Odenwald
Wild-Preiselbeeren

1. Beide Mehlsorten mischen. In die Mitte eine Mulde drücken, zerbröckelte Hefe hineingeben. Zucker darüberstreuen. Kefir lauwarm erhitzen und über die Hefe gießen. Hefe, Kefir und etwas Mehl verrühren. Vorteig abgedeckt 20 Minuten an einem warmen Ort gehen lassen.

2. Eier trennen. Salz und Eigelb zum Hefevorteig geben, alles gut verrühren. Eiweiß steif schlagen und unter den Teig rühren. Teig nochmals 20 Minuten ruhen lassen.

3. Butter in einer Pfanne erhitzen, nacheinander je 2 EL Teig hineingeben und die Blinis von beiden Seiten goldbraun braten. Blinis zusammen mit saurer Sahne und Wild-Preiselbeeren servieren.

TIPP
Falls ihr normaler Lebensmittelladen kein Buchweizenmehl im Sortiment hat, gehen Sie in ein Reformhaus oder einen Bioladen. Dort finden sie das Mehl bestimmt.

Die kleinen russischen Sonnen

In Russland werden Blinis vor allem in der Fastnachtswoche gegessen. Diese so genannte „Butterwoche" ist die Woche vor der 40-tägigen Fastenzeit, die bis Ostern dauert. Zu ihrem Anlass feiert man Maslenitza, ein fröhliches Fest, bei dem vor allem Blinis gegessen werden, oft zusammen mit russischem Kaviar. Blinis verkörpern auch den Abschied vom Winter und das Nahen des Frühlings. Daraus erklärt sich die runde Form der kleinen Puffer, denn ein Blini soll wie eine kleine Sonne aussehen.

Blutwurst mit sauren Linsen
Deftiges aus Deutschland

♟♟♟ • *Zubereitungszeit ca. 1 1/4 Stunden*
Pro Person ca. 790 Kalorien • 3320 Joule

1 Bund Suppengrün

250 g Linsen

1–3 EL Weinessig

Salz, Pfeffer, Zucker

100 g magerer durchwachsener Speck

2 Zwiebeln

500 g frische Blutwurst

1. Suppengrün putzen, Möhren in Scheiben, Porree in Ringe, Petersilienwurzel und Sellerie in Würfel schneiden. Linsen zusammen mit dem Gemüse in 1 Liter Wasser ca. 1 Stunde weich kochen. Linsen und Gemüse abgießen, mit Essig, Salz, Pfeffer und Zucker abschmecken.
2. Speck fein würfeln und in einer Pfanne auslassen. Zwiebeln schälen, fein hacken und im Speckfett braten. Speck und Zwiebeln über die sauren Linsen verteilen.
3. Blutwurst in Scheiben schneiden und zu den Linsen servieren. Wer will, kann die Blutwurstscheiben auch noch kurz im Speckfett braten.

TIPP Früher war es üblich, Linsen über Nacht einzuweichen. Das ist heute im Allgemeinen nicht mehr nötig, denn entscheidend für die Kochdauer der Linsen ist neben der Dicke der Früchte auch ihr Alter. Früher wurden diese Hülsenfrüchte über Jahre gelagert, dann lohnte es sich, die Kochzeit durch Einweichen zu verringern. Sind Ihre Linsen einmal nicht mehr taufrisch, reicht es meist schon, sie einfach 10 Minuten länger zu kochen.

Eine kulinarische Allianz

Wenn in Thüringen saure Linsen auf den Tisch kommen, darf eine Blutwurst nicht fehlen. Das wussten auch schon unsere Vorfahren. Wie frische Blutwurst hergestellt wird, kann man in alten Kochbüchern nachlesen: Das Blut wird warm, wie es beim Schlachten aufgefangen wird, mit einem kleinen Rutenbesen geschlagen, bis es ganz kalt ist, und durch ein Sieb gerührt, wodurch es flüssig bleibt. Man gibt zum Blut gekochtes, fein gehacktes, mageres und fettes Schweinefleisch nebst den weich gekochten und fein gehackten Schwarten, ferner gekochten Speck, welcher in kleine Würfel geschnitten ist, und als Gewürz Salz, Pfeffer, Nelken und Nelkenpfeffer sowie Majoran und Thymian. Dieses alles, gut vermischt, wird wie Leberwurst in dicke, möglichst glatte Därme nicht zu fest gefüllt, damit die Masse sich ausdehnen kann. Die Würste werden 1/2 Stunde gekocht und etwas geräuchert.

Böhmischer Karpfen
Festmahl aus Tschechien

Für den Salat:

1 kg festkochende Kartoffeln

1 Bund Lauchzwiebeln

1 Bund Radieschen

100 g magerer durchwachsener Speck

200 ml Gemüsebrühe

3 EL Öl, 3–4 EL Essig

Salz, Pfeffer, 1 Prise Zucker

1 Bund Schnittlauch

100 g Feldsalat

Für den Karpfen:

2 Eier, 170 g Butterschmalz

225 g Mehl, 125 ml Bier

Salz, Pfeffer

1 Karpfen (1,2 kg)

♙♙♙ • Zubereitungszeit ca. 1 1/2 Stunden
Pro Person ca. 1430 Kalorien • 6010 Joule

1. Kartoffeln in der Schale kochen, pellen und in Scheiben schneiden. Lauchzwiebeln und Radieschen putzen und in Ringe bzw. Scheiben, Speck in feine Würfel schneiden.

2. Brühe erhitzen, Essig und Öl einrühren, mit Salz, Pfeffer und Zucker würzen. Marinade über die Kartoffeln gießen, Lauchzwiebeln und Radieschen untermischen. Speck in einer Pfanne knusprig auslassen. Schnittlauch waschen, trockenschütteln und in feine Röllchen schneiden, alles unter den Salat mischen und durchziehen lassen. Feldsalat putzen, aber erst kurz vor dem Servieren unter den Salat mischen.

3. Eier trennen. 20 g Butterschmalz schmelzen, mit 175 g Mehl, Bier, Eigelb und 1 Prise Salz verrühren. Eiweiß steif schlagen, unterziehen und alles 20 Minuten quellen lassen.

4. Inzwischen Karpfen gründlich waschen, in Scheiben schneiden, trockentupfen, salzen und pfeffern. Stücke im restlichen Mehl wenden, durch den Bierteig ziehen, abtropfen lassen und im restlichen heißen Butterschmalz goldbraun ausbacken. Auf Küchenpapier abtropfen lassen. Zusammen mit dem Kartoffelsalat servieren.

Karpfen in Konkurrenz zum Wiener Schnitzel

Seit in Tschechien Chroniken geschrieben werden, gilt der Karpfen als traditionelles Weihnachtsessen. Die Heimat des „Třeboňský kapr", des böhmischen Karpfens, ist Třeboň in Südböhmen, einem Land der Seen, Teiche, Tümpel, Weiher und Sümpfe. Der Fisch war seit jeher populäre Nahrung aus dem See, denn er konnte mit bloßen Händen gefangen oder mit einem Steinwurf erlegt werden. Als ein Wiener Konditor im 19. Jahrhundert die Technik des Panierens erfand, wurde auch der Karpfen ummantelt. In Prag fand man, dass er ausgebacken noch besser schmecke als ein Wiener Schnitzel. Die Fischer von Třeboň bereiten den Karpfen am liebsten auf folgende Art zu: Fisch in Schlamm wenden und in grünen Blättern verpacken, dann unter Glut und Asche legen und garen. Anschließend wird die Kruste aufgebrochen und das weiße, zarte Karpfenfleisch mit den Fingern gegessen.

Boeuf Stroganow
Geschnetzeltes aus Russland

750 g Rinderfilet

1 Fleischtomate

2 Gewürzgurken

1 Zwiebel

60 g Butterschmalz

Salz, Pfeffer

1 EL Mehl

125 ml Fleischbrühe

1–2 TL Senf

125 g saure Sahne

👤👤👤 • Zubereitungszeit ca. 45 Minuten
Pro Person ca. 430 Kalorien • 1810 Joule

1. Rinderfilet in Streifen schneiden. Tomate kreuzweise einschneiden, mit kochendem Wasser überbrühen, kalt abschrecken und häuten. Tomate vierteln, entkernen und würfeln. Gurken in Streifen schneiden. Zwiebel schälen und hacken.

2. Butterschmalz in einer Pfanne erhitzen. Filetstreifen darin rundum anbraten, aus der Pfanne nehmen, salzen und pfeffern. Zwiebel im Bratfett glasig dünsten, mit Mehl bestäuben und anschwitzen lassen, Brühe einrühren, Gurkenstreifen, Tomatenwürfel und 1 Teelöffel Senf zufügen und 5–10 Minuten köcheln lassen. Fleisch mit Fleischsaft und saurer Sahne unterrühren. Alles erhitzen, aber nicht mehr köcheln lassen. Boeuf Stroganow mit Salz, Pfeffer, Senf und Gurkensud abschmecken.

TIPP Geschmack und Farbe von Senf werden durch Licht, Luft und Wärme negativ beeinflusst. Verschließen Sie deshalb das Glas bzw. die Tube nach Gebrauch wieder gut und bewahren Sie sie kühl und dunkel auf, am besten im Kühlschrank. Ist Ihr Senf angetrocknet? Rühren Sie etwas Essig, Öl und Zucker darunter und er wird wieder glatt.

Geschnetzeltes auf feine russische Art

Die russische Unternehmerfamilie Stroganow besaß Anfang des 16. Jahrhunderts Land und Salzsiedereien am Ural. Sie veranlasste Iwan den Schrecklichen zum Vorstoß über den Ural, der zur Unterwerfung Sibiriens führte. Ein Nachfahre der Familie, Graf Grigorij Alexandrowitsch Stroganow, ein leidenschaftlicher Hobbykoch, erfand im 19. Jahrhundert das Boeuf Stroganow.

Bouillabaisse
Aus dem französischen Suppentopf

♀♂♀♂ • Zubereitungszeit ca. 1 1/2 Stunden
Pro Person ca. 400 Kalorien • 1680 Joule

1. Knurrhahn und Seeteufel abschuppen, ausnehmen, waschen und grob zerteilen. Zwiebeln und 3 Knoblauchzehen schälen und hacken. Porree putzen und in Ringe schneiden. Tomaten waschen und in Stücke schneiden. Zwiebeln, Knoblauch und Porree in 2 EL Öl anbraten. Fisch, Tomaten, Orangenschale, Kräuter und 1 1/2 l Salzwasser zufügen, mit Pfeffer würzen und 20 Minuten kochen lassen. Anschließend durch ein feines Sieb passieren.

2. Kartoffeln schälen und zerteilen. Gemüsebrühe aufkochen, die Hälfte des Safrans einrühren. Kartoffeln in der Safranbrühe garen.

3. Restliche Fische abschuppen, ausnehmen und in Stücke schneiden. Restliche Knoblauchzehen schälen und zerdrücken, zusammen mit Fisch und Tomatenmark im restlichen Öl anbraten. Fischsuppe angießen. Zucker und restlichen Safran einrühren. Bei mittlerer Hitze 10–12 Minuten ziehen lassen. Kartoffeln in der Bouillabaisse servieren.

Je 500 g Knurrhahn und Seeteufel

2 Zwiebeln

6 Knoblauchzehen

1 kleine Stange Porree (Lauch)

3 Tomaten

4 EL Olivenöl

Schale einer unbehandelten Orange

2 Lorbeerblätter, 1 Bund Thymian

Salz, Pfeffer,

400 g Kartoffeln

500 ml Gemüsebrühe

1/2 Döschen Safranfäden

2 kg Fisch (z.B. Dorade, Petersfisch, Seebarsch)

1 EL Tomatenmark

1 TL Puderzucker

TIPP
Klassische Beilagen zur Bouillabaisse sind Knoblauchbrot – Croûtons, mit Knoblauchmayonnaise bestrichene Weißbrotscheiben und eine scharfe Pfeffersauce. Für die Pfeffersauce (Rouille) 1 geschälte Knoblauchzehe zusammen mit einer Chilischote in einem Mörser zerreiben. Eine eingeweichte, ausgedrückte Brotscheibe untermischen, zum Schluss 200 ml Olivenöl langsam unterrühren.

Der Aufstieg vom Resteessen zum Feinschmeckergericht
Die Bouillabaisse stammt ursprünglich aus der Hafenstadt Marseille. Die ersten schriftlichen Aufzeichnungen über sie finden sich in einem Wörterbuch aus dem Jahr 1785. Die Chronisten beschrieben die Suppe als „eine Art Ragout, das dadurch hergestellt wird, dass man Fisch in Meerwasser kocht". Damals wurde sie noch aus Fischresten vom Markt gekocht, heute bereiten die meisten Köche sie aus Edelfischen zu.

Caesar's Salad
Erfrischendes aus den USA

1 Endiviensalat

2 Knoblauchzehen

2 Anchovis

1 Beutel Knorr Salatkrönung „Gartenkräuter mit Knoblauch"

50 g Salatmayonnaise

50 g Crème fraîche

20 g geriebener Parmesankäse

2 Scheiben Toastbrot

3 EL Butter

† † † † • Zubereitungszeit ca. 20 Minuten
Pro Person ca. 230 Kalorien • 970 Joule

1. Salat putzen, waschen, abtropfen lassen und in mundgerechte Stücke zupfen. Knoblauch schälen und zerdrücken. Anchovis fein hacken. Salatkrönung, Mayonnaise, Crème fraîche und 4 EL Wasser verrühren. Eine Knoblauchzehe, Anchovis und 15 g Parmesan unterrühren.

2. Toastbrot entrinden und in kleine Würfel schneiden. Butter in einer Pfanne erhitzen, restlichen Knoblauch einrühren. Toastwürfel in der Knoblauchbutter bei mittlerer Hitze goldbraun rösten.

3. Salatsauce unter den Salat mischen, mit Croûtons und restlichem Parmesan bestreuen.

TIPP Besonders Kopfsalat aus dem Freiland muss gründlich gewaschen werden. Anschließend ist es allerdings wichtig, dass die Blätter wieder gut trockengeschleudert werden, damit das Dressing nicht durch anhaftende Tröpfchen verwässert wird. Das geht am besten in einer Salatschleuder. Wenn Sie keine besitzen, Blätter in ein Küchentuch geben und trockenschleudern. Dabei sollten Sie aber auch die Umgebung beachten, denn das Waschwasser wird durch das Tuch „katapultiert".

Ein amerikanischer Salat aus Mexiko

Auch um diese Spezialität rankt sich eine Geschichte, die wahr sein kann oder nicht. Es wird erzählt, dass Caesar Cardini Inhaber eines kleinen Restaurants in Tijuana, der mexikanischen Grenzstadt zu Kalifornien, war. Um 1920, in den Zeiten der Prohibition, kamen viele Hollywood-Stars zu Cardini, denn sie wussten, hier gab es gutes Essen und Alkohol. An einem besonders besucherreichen Wochenende kehrte eine Gruppe Prominenter im Restaurant ein und verlangte Salat. Viel war nicht mehr da, und so mischte Cardini auf die Schnelle alles, was er noch fand, und nannte seine neue Kreation Caesar's Salad.

Cassoulet
Geschmortes aus Frankreich

👤👤👤👤 • *Zubereitungszeit ca. 1 1/2 Stunden*
Pro Person ca. 880 Kalorien • 3700 Joule

3 Knoblauchzehen

1 kleine Gemüsezwiebel

75 g geräucherter Speck

3–4 Stiele Thymian

75 g Knollensellerie

500 g Lammfleisch (aus der Keule)

500 g Schweineschnitzel

2–3 EL Öl

1 Lorbeerblatt, 5–7 Gewürznelken

1 EL Tomatenmark, Salz, Pfeffer

Paprikapulver edelsüß

1 Dose (850 ml) Tomaten

200 ml Gemüsebrühe

1 Dose (425 ml) dicke
weiße Bohnenkerne

3 Tomaten

1. Knoblauch schälen und fein hacken. Zwiebel schälen, halbieren und in dünne halbe Scheiben schneiden. Speck würfeln. Thymian waschen, trockenschütteln und die Blättchen abzupfen. Sellerie schälen und fein, Fleisch grob würfeln.

2. Öl in einem Schmortopf erhitzen, Speck darin auslassen, herausnehmen. Fleisch im Bratfett rundum anbraten. Knoblauch, Zwiebelscheiben, Sellerie, Speck, 3/4 des Thymians, Lorbeerblatt und Nelken kurz mitbraten, Tomatenmark einrühren. Mit Salz, Pfeffer und Paprikapulver würzen, mit Tomaten und Brühe ablöschen. Zugedeckt 50 Minuten schmoren lassen.

3. Bohnen in ein Sieb schütten, kalt abspülen und abtropfen lassen. Tomaten waschen und in Spalten schneiden. Beides 15 Minuten vor Ende der Garzeit unter das Cassoulet rühren. Mit restlichem Thymian bestreut servieren.

TIPP
Tomaten sind die Sonne gewöhnt und können mit Kälte wenig anfangen. Im Kühlschrank gelagert, verlieren sie ihren Duft und viel Geschmack. Der Paradiesapfel fühlt sich in einer Schale bei Zimmertemperatur wesentlich wohler, kann dort 1–2 Wochen aufbewahrt werden.

Ein Eintopf der Leib und Seele erwärmt

Die Heimat des Cassoulets liegt im Languedoc, einer bäuerlichen Region im Südwesten Frankreichs. Der von Legenden umrangte Eintopf ruft endlose Streitereien hervor, wenn es darum geht, welche der drei historischen Versionen des französischen Rezepts die „wahre" ist. Mit Lammfleisch meinen die Einwohner von Castelnaudary, mit Gänsefleisch die Toulouser und mit Schweinefleisch, so sagen alle, die in Carcassonne leben. Einig sind sie sich nur darin, dass weiße Bohnen und Knoblauch nicht fehlen dürfen. Und einig ist man sich auch, wenn es um die Namensgebung geht. Cassoulet leitet sich wahrscheinlich von der „cassa", einem traditionellen provenzalischen Backgeschirr aus Keramik, ab.

Chili con carne
Traditionelles aus Texas

1 EL Butterschmalz

750 g Rindergulasch

1–2 Knoblauchzehen

Salz

1 Msp. gemahlener Kreuzkümmel

1 TL geschrotete rote Chilis

3–4 Stiele Oregano

20 g Maisstärke

800 ml Rinderfond

je 1 rote, grüne und gelbe Paprikaschote

200 g USA Langkorn-Reis Parboiled

👤👤👤 • Zubereitungszeit ca. 1 1/4 Stunden
Pro Person ca. 520 Kalorien • 2180 Joule

1. Butterschmalz in einem Schmortopf erhitzen. Rindergulasch darin portionsweise rundum kräftig anbraten. Knoblauch schälen, zerdrücken und zum Fleisch geben, mit Salz, Kreuzkümmel und Chili würzen, 2 Minuten braten. Oregano waschen, trockenschütteln, grob hacken und unter das Fleisch rühren. Maisstärke mit 100 ml kaltem Wasser verquirlen und unter Rühren zum Fleisch geben. Rinderfond angießen. Alles ca. 1 Stunde köcheln lassen, dabei gelegentlich umrühren.

2. Paprika putzen, waschen und in mundgerechte Stücke schneiden. 30 Minuten vor Ende der Garzeit zum Chili geben.

3. In der Zwischenzeit Reis in 400 ml kochendes Salzwasser schütten und zugedeckt bei schwacher Hitze ausquellen lassen. Reis zusammen mit dem Chili con carne servieren.

TIPP Ist das Chili con carne für eine Party mit vielen Gästen bestimmt und wird deshalb eine größere Reismenge benötigt, dann garen Sie die kleinen Körner im Backofen. Dazu Reis mit der 1 1/2-fachen Menge Flüssigkeit in eine feuerfeste Form geben und zugedeckt im vorgeheizten Backofen (E-Herd: 200 °C/Gasherd: Stufe 3) 20–30 Minuten ausquellen lassen.

Was aus einem Arme-Leute-Essen alles werden kann

Dieser feurige Eintopf stammt nicht wie häufig vermutet aus Mexico. Er ist vielmehr ein ehemaliges Arme-Leute-Essen aus Texas, bei dem zähe Fleischstücke mit Paprika, Chilischoten und vielen anderen Gewürzen weich geschmort wurden. Die heute vielerorts typischen roten Kidney-Bohnen sowie das Hackfleisch waren ursprünglich nicht in diesem Gericht.

Chop Suey
Importiertes aus den USA

500 g Rinderhüfte

2 EL Sojasauce

2 EL roter Portwein

1 Zwiebel

100 g Möhren

100 g Sojabohnensprossen

2 EL Butterschmalz

250 ml Fleischbrühe

150 g TK-Erbsen

Salz, Pfeffer

Sambal Oelek

👤👤👤 • Zubereitungszeit ca. 1 Stunde
Pro Person ca. 250 Kalorien • 1050 Joule

1. Fleisch in dünne Streifen schneiden. Mit Sojasauce und Portwein begießen und 30 Minuten durchziehen lassen.

2. Zwiebel und Möhren schälen, Zwiebel in Ringe, Möhren in Stifte schneiden. Sojasprossen abbrausen. Butterschmalz in einem Schmortopf erhitzen. Abgetropftes Fleisch darin kräftig anbraten. Zwiebelringe und Möhren zufügen, ebenfalls anbraten. Mit Brühe ablöschen, aufgefangene Marinade unterrühren. Alles ca. 15 Minuten schmoren lassen. Sprossen und Erbsen untermischen und in dem Chop Suey erhitzen. Mit Salz, Pfeffer und Sambal Oelek abschmecken.

TIPP Klassische Beilagen zu einem Chop Suey sind Reis oder Nudeln. Sie können das Gericht aber auch mit einem Pfannkuchen abdecken, das hält die bunte Mischung schön heiß und wird oft auch als „Originalzubehör" angesehen.

Chinesisch – oder nicht?

Klingt chinesisch – ist es auch. Chop Suey wurde aber nicht in China, sondern von Chinesen in den USA erfunden. Die Übersetzung des Namens lautet „dies oder jenes", im Küchenlatein also „verschiedene Zutaten", die sich auch aus Resten zusammensetzen können. Chop Suey lässt sich aus beliebigen Gemüsen, Fleisch, Fisch, Krabben oder was sonst gerade greifbar ist, zubereiten. „Typisch chinesisch" wird's zum einen durch die starke Zerkleinerung der Zutaten und zum anderen durch die Würze mit Sojasauce. Und drittens soll dieses Gericht nicht lange, sondern nur wenige Minuten schmoren – auch das ein wesentliches Merkmal der chinesischen Küche.

Coniglio con olive
Winzeressen aus Italien

1 küchenfertiges Kaninchen
(ca. 2,5 kg)

Salz, Pfeffer

2 Zwiebeln

1 Knoblauchzehe

5 EL Bertolli Olivenöl Gentile

250 ml Weißwein

200 ml Geflügelfond

1 Zweig frisches Rosmarin

je 50 g grüne und
schwarze Oliven

1–2 TL heller Soßenbinder

Zucker

† † † • Zubereitungszeit ca. 1 1/4 Stunden
Pro Person ca. 180 Kalorien • 760 Joule

1. Kaninchen waschen, trockentupfen und in 8–10 Teile zerteilen, salzen und pfeffern. Zwiebeln und Knoblauch schälen und fein hacken.

2. Öl in einem Bräter erhitzen. Kaninchenteile darin rundum anbraten. Zwiebeln und Knoblauch zufügen, kurz mitdünsten, dann mit Wein und Fond ablöschen. Rosmarin waschen, zusammen mit den Oliven zum Fleisch geben und alles bei mittlerer Hitze 45 Minuten schmoren lassen.

3. Kaninchenteile aus dem Bräter nehmen. Olivensauce mit Soßenbinder andicken, mit Salz, Pfeffer und Zucker abschmecken. Kaninchenteile in der Sauce servieren. Dazu schmecken Bandnudeln und ein gemischter Salat.

TIPP
Wenn Sie eingelegte Oliven aus dem Glas verwenden, wird oft nicht der ganze Inhalt auf einmal verbraucht. Nehmen Sie für das Gericht nur die Oliven aus dem Glas, Lake auf keinen Fall abgießen, und decken Sie die restlichen Ölfrüchte anschließend mit einer Zitronenscheibe ab. So halten sie sich im Kühlschrank wochenlang frisch.

Typisches aus den Weinbaugebieten

In allen Landstrichen der Toscana, wo Oliven und Wein angebaut werden, finden sich Kaninchen- und Geflügelrezepte mit Wein und Oliven. Coniglio con olive ist das Sonntagsessen der Weinbauern, die zwischen den einzelnen Rebreihen seit Jahrhunderten Olivenbäume pflanzen.

Coq au vin
Weinseliges aus Frankreich

1 Hähnchen (1,2 kg)

Salz, Pfeffer

5 EL Öl, 2 EL Mehl

1 Petersilienwurzel

200 g Möhren, 2 Zwiebeln

50 g Schalotten

250 g Champignons

1 Lorbeerblatt

750 ml Langguth Medinet Rouge

1 EL Zucker

50 g magerer
durchwachsener Speck

1 EL Butter

1/2 Bund Petersilie

👤👤👤 • Zubereitungszeit ca. 1 1/2 Stunden
Pro Person ca. 830 Kalorien • 3490 Joule

1. Hähnchen in 8–12 Teile zerlegen, waschen und trockentupfen. Hähnchenstücke salzen, pfeffern, mit 2 EL Öl einstreichen und mit Mehl bestäuben. Wurzel, Möhren, Zwiebeln und Schalotten schälen. Petersilienwurzel, Möhren und Zwiebeln würfeln, Schalotten halbieren. Pilze putzen, ebenfalls halbieren.

2. Restliches Öl in einem Schmortopf erhitzen. Hähnchenteile darin rundum anbraten. Petersilienwurzel, Möhren, Zwiebeln und Lorbeerblatt zufügen, alles andünsten. Mit Medinet ablöschen, Zucker einrühren und abgedeckt in dem vorgeheizten Backofen (E-Herd: 175 °C/ Gasherd: Stufe 2) ca. 45 Minuten schmoren.

3. Speck würfeln, in einer heißen Pfanne auslassen. Butter zufügen. Schalotten und Pilze im Fett anbraten.

4. Hähnchenteile aus dem Schmortopf heben. Sauce pürieren, mit Salz und Pfeffer abschmecken. Fleisch, Pilze, Schalotten und Speck unter die Sauce heben und kurz erhitzen. Petersilie waschen, trockenschütteln, hacken und zum Schluss über das Coq au vin streuen. Dazu schmeckt als Beilage Baguette, als Getränk der Medinet Rouge.

TIPP Kochen Sie das Coq au vin in keinem Aluminiumtopf. Der Rotwein greift das Topfmaterial an und das Gericht würde grau und unansehnlich werden.

Ein königlicher Wunsch

Hähnchen sind in Frankreich seit jeher sehr beliebt und Weinanbaugebiete gibt es über das ganze Land verteilt. Kein Wunder also, dass sich diese zwei in einem Topf vereinen. Wahrscheinlich ist das Coq au vin in der Regierungszeit Henri IV. (1589–1610) entstanden, als der König wünschte, dass jeder Franzose sonntags ein Huhn im Topf haben sollte.

Creolische Bohnen und Reis
Traditionelles aus den USA

👤👤👤👤 • Zubereitungszeit ca. 2 1/2 Stunden (ohne Einweichzeit)
Pro Person ca. 590 Kalorien • 2480 Joule

150 g getrocknete
Kidney-Bohnen

150 g getrocknete
große weiße Bohnen

200 g Knoblauch-Hartwurst
(z.B. Cabanossi)

1 Zwiebel

1 Knoblauchzehe

3 Stiele Majoran

1 Lorbeerblatt

1 Dose (425 ml) Tomaten

125 g USA Langkorn-Reis

2 Stängel Staudensellerie

1 kl. rote Paprikaschote

Salz, Pfeffer

1. Rote und weiße Bohnen waschen und über Nacht
mit reichlich Wasser bedeckt einweichen.
2. Wurst in Scheiben schneiden. Zwiebel und
Knoblauch schälen und hacken. Majoran waschen,
trockenschütteln und die Blättchen von den Stielen
zupfen. Wurstscheiben in einem Bräter anbraten.
Zwiebel und Knoblauch zufügen und im Wurstfett
kurz andünsten. Bohnen mit Einweichwasser, Majoran
und Lorbeerblatt zufügen. Zugedeckt 1 1/2 Stunden
garen.
3. Tomaten in der Dose etwas zerkleinern, zusammen
mit dem Saft, dem Reis und 1/2 TL Salz zu den Bohnen
geben. Unter gelegentlichem Rühren abgedeckt weitere
30 Minuten garen.
4. Sellerie und Paprika putzen, in mundgerechte Stücke
schneiden und 15 Minuten vor Garzeitende in den Eintopf
rühren. Das Gericht zum Schluss kräftig mit Salz und Pfeffer
abschmecken. Dazu passt Brot.

TIPP
Wenn es schnell gehen soll und keine Zeit zum Einweichen
ist, können Sie die Bohnen auch im Schnellkochtopf zubereiten.
20–25 Minuten genügen, um sie fast weich zu kochen. Anschließend
wie beschrieben mit Reis und Gemüse fertig garen.

Am Waschtag bleibt keine Zeit zum Kochen

Als die Waschmaschine noch nicht erfunden und die Kleidungsstücke mit der Hand gewaschen
wurden, war am Montag, dem traditionellen Waschtag, keine Zeit zum Kochen, deshalb gab
es dann in fast allen großen Haushalten Bohnen und Reis zu essen. Durch das Einweichen und
das langsame Kochen bei geringer Hitze ließ sich sozusagen ganz nebenbei ein nahrhaftes
und, je nach dem, was die Speisekammer gerade hergab, auch vielseitiges Gericht zaubern.
Noch heute zählen Bohnen und Reis zu den populärsten Gerichten aus New Orleans und
Umgebung.

Dampfnudeln
Süße Klöße aus Deutschland

♟♟♟♟♟♟♟ • Zubereitungszeit ca. 1 3/4 Stunden

Pro Person ca. 430 Kalorien • 1810 Joule

1. Mehl in eine Schüssel schütten, in die Mitte eine Mulde drücken, Hefe hineinbröckeln. 1 Teelöffel Zucker darüber streuen. 250 ml Milch schwach erwärmen, 100 ml davon zur Hefe gießen und alles mit etwas Mehl verrühren. Vorteig abgedeckt an einem warmen Ort 15 Minuten gehen lassen. 80 g Butter in der restlichen warmen Milch schmelzen, zusammen mit 1 Prise Salz, 20 g Zucker und den Eiern zum Vorteig geben. Alles zu einem glatten Teig verkneten und so lange schlagen, bis der Teig Blasen wirft. Nochmals abgedeckt gehen lassen, bis sich der Teig verdoppelt hat.

2. Teig erneut durchkneten und zu gleich großen Klößen formen. Restliche Milch in einen breiten Topf gießen. Restliche Butter, übrigen Zucker und 1 Prise Salz zufügen. So lange erwärmen, bis Butter und Zucker sich aufgelöst haben. Klöße in den Topf geben, Deckel auflegen. Alles bei schwacher Hitze 20–30 Min. garen, bis es prasselt und nach Karamell duftet.

3. Für die Sauce Pflaumen waschen, halbieren, entsteinen, mit Zucker und Zimt zum Kochen bringen und bei schwacher Hitze weich dünsten. Butter erhitzen, Nüsse und Zucker untermischen. Nussbutter über die Dampfnudeln verteilen. Dazu die Pflaumensauce reichen.

Für die Dampfnudeln:

500 g Mehl

30 g frische Hefe

5 EL Zucker

500 ml Milch

110 g Butter

Salz, 2 Eier,

Für die Pflaumensauce:

1 kg Pflaumen

60 g Zucker, 1 Zimtstange

Außerdem:

100 g Butter

2 EL gemahlene Haselnüsse

1 EL Zucker

TIPP
Ganz problemlos geht Ihr Hefeteig auf, wenn Sie ihn in den Backofen stellen, den Sie vorher auf 40 Grad erwärmt, dann aber wieder ausgeschaltet haben. Heißer darf es nicht sein, denn bei 50 Grad sterben die Hefezellen ab und ihre Dampfnudeln bleiben flach.

Von der Nudel, die keine ist

Dampfnudeln haben nichts, wie der zweite Teil des Wortes vermuten lässt, mit Pasta zu tun. Diese süddeutsche Spezialität ist ein Hefeteig in Kloßform. Der erste Teil des Namens hat allerdings Aussagekraft: Die Teigstücke garen auf dem Herd in Flüssigkeit – genauer gesagt im aufsteigenden Dampf. Im Gegensatz dazu gart die „Rohrnudel" bei trockener Hitze im Rohr, also Backofen.

Döppekooke
Kartoffliges aus Deutschland

1 kg mehligkochende Kartoffeln
(z. B. Datura oder Irmgard)

200 g Zwiebeln

Salz, Pfeffer

4 Eier

50 g Butterschmalz

200 g magerer
durchwachsener Speck

♦♦♦♦♦♦ • Zubereitungszeit ca. 1 1/4 Stunden
Pro Person ca. 580 Kalorien • 2440 Joule

1. Kartoffeln schälen und grob raffeln. Zwiebeln schälen, halbieren und in dünne Scheiben schneiden. Alles mischen, mit Salz und Pfeffer würzen. Eier verquirlen und unter die Kartoffel-Masse mengen.
2. Eine ofenfeste Form mit 20 g Butterschmalz einfetten, Kartoffel-Zwiebel-Masse einfüllen.
3. Speck fein würfeln und im restlichen heißen Butterschmalz anbräunen, dann über die Kartoffel-Masse verteilen. Döppekooke im vorgeheizten Backofen (E-Herd: 225 °C/Gasherd: Stufe 4) 40–45 Minuten backen. Als Beilage dazu passen Apfel- oder Preiselbeerkompott.

TIPP

Wissen Sie nicht, welche Kartoffelsorte Sie im Keller haben? So können Sie den Stärkegehalt Ihrer Kartoffeln testen: Halbieren Sie eine Knolle und reiben die Schnittflächen aneinander. Bei stärkereichen, also mehligkochenden Kartoffeln, kleben die Schnittflächen aneinander. Bei stärkearmen, also festkochenden Knollen, tropft Wasser von den Schnittflächen. Verwenden Sie letztere bevorzugt für Salate.

Der Kartoffelkuchen mit den vielen Namen

Je nach Region heißt der Döppekooke auch Dippekuchen, Döppcheskooche, Deppedotz, Dippelaabes, Potthucke oder Kesselskooche. „En Döppe" bezeichnet in der rheinischen Küche einen Topf, übersetzt heißt dieses Gericht also nichts weiter als Topfkuchen. Früher war es üblich, dieses Kartoffelgericht am 11. November, dem St.-Martins-Tag, auf den Tisch zu bringen, es sei denn, die Familie war gutbürgerlich begütert. Dann wurde eine Martinsgans verzehrt. Daher war der Döppekooke auch unter dem Namen Martinsgans der Armen bekannt.

Erdbeer-Charlotte
Traditionelles aus England

500 g Erdbeeren

6 Blatt weiße Gelatine

3 Eier

100 g Zucker

1 Päckchen Vanillin-Zucker

250 ml Milch

12–16 Löffelbiskuits

4 EL Himbeergeist

300 g Schlagsahne

♀♂♀♂♀♂♀ • Zubereitungszeit ca. 45 Minuten (ohne Wartezeit)
Pro Person ca. 290 Kalorien • 1220 Joule

1. Erdbeeren waschen, putzen und gut abtropfen lassen. 200 g schöne, kleine Erdbeeren zum Verzieren beiseite legen. Übrige Beeren mit einem Schneidstab pürieren. Gelatine in kaltem Wasser einweichen.
2. Eier trennen. Eigelb mit 50 g Zucker und Vanillin-Zucker schaumig schlagen, Milch unterrühren. Zuckermasse auf ein heißes Wasserbad setzen und so lange rühren, bis die Creme dicklich wird. Danach im kalten Wasserbad unter Rühren etwas abkühlen lassen. Gelatine ausdrücken und in der noch heißen Creme auflösen. Erdbeermus nach und nach unterziehen. Masse kalt stellen.
3. Löffelbiskuits mit Himbeergeist beträufeln und an die Seiten einer Form stellen. Wenn die Creme fest zu werden beginnt, Eiweiß mit restlichem Zucker und 250 g Sahne getrennt steif schlagen. Zuerst die Sahne, dann den Eischnee unter die Creme ziehen. Creme in die ausgelegte Form gießen und im Kühlschrank erstarren lassen.
4. Nach ca. 6 Stunden Charlotte stürzen. Restliche Sahne steif schlagen. Charlotte mit Sahne und beiseite gelegten Erdbeeren verzieren.

TIPP Wenn Kinder mit am Tisch sitzen, beträufeln Sie die Löffelbiskuits statt mit Himbeergeist mit Orangensaft oder mit Himbeersirup.

Königliche Cremekreation

Diese Süßspeise ist königlichen Geblüts. Die Gemahlin George III. von England gab ihr ihren Namen. Das wesentliche Merkmal dieser Spezialität ist es, gestürzt zu werden, was in königlichen Kreisen gern und häufig geschah. Zur Zubereitung einer Charlotte wird eine glattwandige, zylindrische, hohe Form mit Löffelbiskuits, Waffeln oder Weißbrot ausgelegt, anschließend mit Fruchtpüree, Creme, Eis oder Ähnlichem gefüllt. Nach dem Erstarren wird die Form gestürzt und verziert – je prächtiger, desto königlicher.

Falscher Hase

Bratenmogeleien aus Deutschland

1 1/2 Brötchen vom Vortag

2 Möhren

1 Zwiebel

750 g gemischtes Hackfleisch

1 frisches deutsches Ei

Salz, Pfeffer

abgeriebene Muskatnuss

250 ml Fleischbrühe

2 EL Mehl

1 EL saure Sahne

👤👤👤 • Zubereitungszeit ca. 2 Stunden
Pro Person ca. 610 Kalorien • 2560 Joule

1. Brötchen einweichen. Möhren schälen und in wenig Salzwasser 10 Minuten kochen. Zwiebel schälen und fein hacken. Brötchen ausdrücken, mit Hackfleisch, Zwiebel und Ei verkneten, mit Salz, Pfeffer und Muskat würzen.

2. Aus dem Fleischteig einen Braten formen, dabei die gekochten Möhren in die Teigmitte legen. Falschen Hasen in einen Bräter legen und im vorgeheizten Backofen (E-Herd: 175 °C/Gasherd: Stufe 2) 1 1/4 Stunden braten. Nach 20 Minuten die Brühe angießen.

3. Fertigen Braten aus dem Bräter heben, warm stellen. Bratensaft mit Wasser auf 500 ml auffüllen und aufkochen. Mehl mit saurer Sahne und wenig kaltem Wasser glatt rühren, in den Bratensud rühren und 5–10 Minuten köcheln lassen. Sauce mit Salz, Pfeffer und Muskat abschmecken, zusammen mit dem Falschen Hasen servieren. Als Beilage dazu passt ein Möhren-Kartoffel-Gemüse.

TIPP Lagern Sie Eier immer im Kühlschrank und immer getrennt von stark riechenden Lebensmitteln, denn sie nehmen leicht Fremdgerüche an.

Durchschaubares Täuschungsmanöver

Kein frisch geschossener Mümmelmann, sondern schnödes Hackfleisch wird für den Falschen Hasen zu einem Laib geformt – wer will, kann dabei versuchen die Konturen des „Schnellläufers" nachzugestalten – und gebraten. In Berlin war diese Riesenbulette einst der Sonntagsbraten der armen Leute, eben von denen, die sich keinen echten Hasen leisten konnten.

Filet Wellington
Festtagsbraten aus England

♦♦♦♦ • *Zubereitungszeit ca. 1 1/4 Stunden*
Pro Person ca. 790 Kalorien • 3320 Joule

500 g Rinderfilet

Salz, Pfeffer

1 EL Mazola Keimöl

1/2 Bund Petersilie

250 g ungebrühte feine Bratwürste

1 Ei

4 Scheiben (300 g) TK-Blätterteig

2 Beutel Knorr Feinschmecker
Champignon Rahm Sauce

2–3 EL Madaira

1. Rinderfilet mit Salz und Pfeffer einreiben. Öl in einer Pfanne erhitzen und das Fleisch darin rundherum anbraten, herausnehmen und abkühlen lassen.
2. Petersilie waschen, trockenschütteln und hacken, unter die Bratwurstmasse rühren.
3. Ei trennen. Blätterteigscheiben nebeneinander antauen lassen, dann zu einer großen Platte überlappend zusammenlegen, dort wo die Scheiben übereinander liegen, mit Eiweiß bestreichen und fest zusammendrücken, Blätterteig eventuell noch etwas ausrollen, das Fleisch muss darin eingeschlagen werden können. Die Hälfte der Wurstmasse auf die Teigmitte streichen und das Fleisch darauf legen. Filet mit restlicher Kräutermasse einstreichen und mit dem Blätterteig einschlagen. Blätterteig mit verquirltem Eigelb einstreichen.
4. Filet auf ein Backblech setzen und zuerst im vorgeheizten Backofen (E-Herd: 250 °C/ Gasherd: Stufe 5) 10 Minuten backen, dann Backofen herunterschalten und (E-Herd: 200 °C/Gasherd: Stufe 3) weitere 15 Minuten backen. Anschließend noch 10 Minuten ruhen lassen.
5. Beutelinhalt Champignon Rahm Sauce in 500 ml kaltes Wasser rühren. Unter Rühren aufkochen und bei schwacher Hitze 1 Minute köcheln, mit Madeira abschmecken. Filet Wellington aufschneiden und mit der Sauce servieren. Dazu nach Belieben ein Brokkoli-Möhren-Zuckerschoten-Gemüse reichen.

TIPP
Blätterteigreste dürfen nicht verknetet werden, der Teig verliert sonst seine blättrige Struktur. Legen Sie Reststücke immer aufeinander und rollen sie erneut aus.

Filet nach Feldherrn Art
Sir Arthur Wellesley, Herzog von Wellington (1769–1852), ließ sich gern einen in Teig eingewickelten Braten servieren. Dem erfolgreichen englischen Feldherrn – er hatte 1813 die Franzosen aus Spanien vertrieben und 1815 mit Blücher bei Waterloo gesiegt – zu Ehren nannte sein Koch diese Zubereitungsart Filet Wellington. Die Farce, die das Filet umgibt, variiert, in vielen Rezepten wird statt Bratwurstmasse durchgedrehtes Kalbfleisch oder gehackte Pilze angegeben.

Flammküchle

„Pizza" der Weinregionen

• Zubereitungszeit ca. 1 3/4 Stunden
Pro Person ca. 420 Kalorien • 1760 Joule

Für den Teig:
500 g Mehl
1/2 Würfel (21 g) Hefe
50 g Butter, 1 TL Salz
Fett fürs Blech

Für den Belag:
100 g Zwiebeln
100 g magerer, durchwachsener Speck
50 g Butter
400 g Crème double
Salz, Pfeffer
abgeriebene Muskatnuss
3 EL Sonnenblumenöl

1. Für den Teig Mehl in eine Schüssel schütten, in die Mitte eine Mulde drücken. Hefe in die Mulde bröckeln, mit 4 EL lauwarmem Wasser verrühren. Abgedeckt an einem warmen Ort 15 Minuten gehen lassen. 200 ml lauwarmes Wasser, Butter und Salz zufügen. Alles mit den Knethaken des Handrührgeräts zu einem glatten Teig verarbeiten. Abgedeckt an einem warmen Ort gehen lassen, bis sich der Teig verdoppelt hat.
2. Für den Belag Zwiebeln schälen und hacken. Speck fein würfeln. Zwiebeln in der Butter glasig dünsten. Crème double unterrühren, mit Salz, Pfeffer und Muskat würzen. Speck in einer heißen Pfanne auslassen.
3. Teig auf einem gefetteten Backblech dünn ausrollen. Zwiebelguss auf den Teig streichen. Mit Öl beträufeln und den Speckstücken bestreuen. Im vorgeheizten Backofen (E-Herd: 225 °C/Gasherd: Stufe 4) ca. 30 Minuten backen.

TIPP Als Getränk dazu passt am besten ein trockener Weißwein, zum Beispiel ein Silvaner, ein Riesling oder ein Pinot Blanc.

Die Pizza der Winzer

Früher war es üblich, diesen „flambierten" Kuchen am allwöchentlichen ländlichen Brotbacktag zu backen. Wenn die fertigen Brotlaibe aus dem Ofen kamen, wurden die Reste des Brotteigs auf Blechen ausgerollt, mit Rahm bestrichen und gewürzt. Wer Zwiebeln und Speck zur Hand hatte, verteilte auch diese auf dem Teig. Der Kuchen garte dann in der Resthitze des ausglühenden Backofens. Legten mancherorts die Weinbauern noch etwas Rebholz nach, wurde das Gebäck von Flammen umspielt; daher auch sein Name. Auf diese Weise wird der Kuchen besonders knusprig. Heute wie ehedem wird dieses herzhafte Gebäck vor allem im Elsass, aber auch in den Weinregionen Südwestdeutschlands besonders zur Zeit der Winzerfeste gebacken und zu jungem Wein gegessen.

Fondue bourguignonne
Gästeessen aus der Schweiz

400 g Rinderfilet

400 g Schweinefilet

400 g Putenbrustfilet

500 g Baguette

2 Gläser Mixed Pickles
(à 370 g Abtropfgewicht)

500–1000 ml Sonnenblumenöl
von der Teutoburger Ölmühle

Salz, Pfeffer

🧍🧍🧍🧍🧍 • Zubereitungszeit ca. 20 Minuten
Pro Person ca. 680 Kalorien • 2860 Joule

1. Fleisch trockentupfen und in mundgerechte Würfel schneiden. Fleisch auf einer Platte anrichten. Baguette in Scheiben schneiden. Mixed Pickles in Schälchen füllen.
2. Öl auf dem Herd erhitzen, dann im Fonduetopf auf das heiße Rechaud stellen. Fleisch, Brot, Gemüse und Gewürze daneben anrichten.
3. Bei Tisch spießt jeder Gast das Fleisch auf seine Fonduegabeln, gart es im heißen Öl und würzt es nach Belieben. Dazu verschiedene Saucen und einen gemischten Salat servieren.

TIPP Das Frittierfett können Sie für 3 Fondues in Folge verwenden. Voraussetzung dafür: Nach jedem Essen wird das Fett durch einen Kaffeefilter gegossen und anschließend dunkel und kühl aufbewahrt.

Kulinarisches von der Besatzungsmacht

Bei diesem Fondue wird nichts geschmolzen. Auch wenn sich die Bezeichnung vom französischen fondre = schmelzen ableitet. Der Name hat sich aber eingebürgert, wohl weil es genau wie das Käsefondue in geselliger Runde genossen wird. Der Namensteil Bourguignonne kommt von den Burgundern, die 1476 unter Karl dem Kühnen die Westschweiz besetzten und damals diese Art der Fleischzubereitung mitbrachten.

Gaisburger Marsch
Deftiges aus Deutschland

♟♟♟♟ • *Zubereitungszeit ca. 1 3/4 Stunden*
Pro Person ca. 580 Kalorien • 2440 Joule

1. Suppenknochen mit kaltem Wasser aufsetzen, aufkochen lassen und abschäumen. Suppengrün putzen und in grobe Stücke schneiden, 1 Zwiebel schälen und hacken, alles zusamen mit Fleisch, 1–2 Teelöffel Salz und Gewürzen zu den Suppenknochen geben. Abgedeckt 1 1/2 Stunden kochen.
2. Kartoffeln schälen, in Stücke schneiden und extra in Salzwasser garen. Spätzle ebenfalls getrennt garen. Restliche Zwiebeln schälen, in Ringe schneiden und in der Butter goldbraun braten.
3. Fleisch aus der Brühe heben und in mundgerechte Stücke schneiden. Brühe durch ein Sieb gießen. Fleisch, Kartoffeln und Spätzle in die Brühe geben. Gebratene Zwiebelringe darauf anrichten.

500 g Suppenknochen
1 Bund Suppengrün
4 Zwiebeln
500 g Rinderbrust
Salz
1 Lorbeerblatt
2 Gewürznelken
1/2 TL Pfefferkörner
500 g Kartoffeln
150 g Spätzle
30 g Butter

TIPP
Wenn Fleisch erhitzt wird, gibt es Eiweiß ab, das die Brühe trübt. Meist genügt es, wenn Sie den Schaum mit einer Schaumkelle von der Oberfläche abheben. Wollen Sie die Brühe aber ganz klar haben, müssen Sie sie zuerst erkalten lassen und das harte Fett von der Oberfläche abheben. Anschließend geben Sie verschlagenes Eiweiß in die Flüssigkeit, lassen alles unter Rühren langsam aufkochen und 10–15 Min. ziehen. Das Eiweiß umschließt dabei alle festen Bestandteile und steigt an die Oberfläche, wo Sie es bequem abschöpfen können. Pro Liter Brühe benötigen Sie 1–2 Eiweiß.

Nationalgericht der Schwaben
Gaisburg, heute ein Stadtteil Stuttgarts, hat diesem Gericht seinen Namen gegeben. Erstmals zubereitet wurde dieser Eintopf der Legende nach von Frauen aus Gaisburg, deren Männer in Kriegsgefangenschaft saßen. Den Ehefrauen wurde erlaubt, ihren Männern Essen zu bringen, aber nur eine Schüssel pro Kopf. Damit die Soldaten trotz dieser Einschränkung ausreichend versorgt wurden, kam in den Topf alles hinein, was gut und nahrhaft war.

Gazpacho

Kalte Suppe aus Spanien

🚶🚶🚶🚶 • Zubereitungszeit ca. 20 Minuten (ohne Wartezeit)
Pro Person ca. 220 Kalorien • 920 Joule

6 Scheiben Weißbrot

300 g Paprikaschoten

300 g Salatgurke

4 Knoblauchzehen

2 Packungen Knorr Tomato al Gusto „Kräuter"

Salz, Pfeffer

2 EL Mazola Basilico

1. Weißbrot in Wasser einweichen. Paprika putzen. Gurke waschen. Jeweils ein Viertel vom Gemüse fein würfeln und als Einlage beiseite stellen. Rest in grobe Stücke schneiden. Knoblauch schälen.
2. Weißbrot ausdrücken, zusammen mit Gemüsestückchen und Knoblauch pürieren. Tomato al Gusto untermischen, mit Salz, Pfeffer und Basilico abschmecken. Gazpacho im Kühlschrank durchkühlen lassen. Zusammen mit den Gemüsewürfelchen servieren.

TIPP Salatgurken gehören nicht in den Kühlschrank, denn eine zu kalte Lagerung bekommt ihnen nicht, die Schale wird wässrig und vergilbt. Im Kühlschrank bleiben Gurken nur zwei Tage frisch. Anders in der Vorratskammer oder im Keller, herrscht dort eine hohe Luftfeuchtigkeit, hält sich die Gurke ein bis zwei Wochen frisch.

Erfrischende Sommersuppe

Die kalte Gemüsesuppe ist die Antwort der Andalusier auf die schier unerträgliche Sommerhitze des Landes. Die durstlöschende Gazpacho versorgt den Körper mit dem in der Hitze so notwendigen Salz und ist während des Sommers in allen andalusischen Haushalten ständig als Erfrischung präsent. Die traditionelle Grundlage aller Gazpachos sind Knoblauch, Gewürze und eingeweichtes Brot, von letzterem rührt auch der Name, im Arabischen heißt gazpacho „eingeweichtes Brot".

Gnocchi mit Gorgonzola-Sauce

Traditionelles aus Italien

Für die Gnocchi:

500 g mehligkochende Kartoffeln

50 g Kartoffelstärke

25 g Blütenzarte Köllnflocken

1 Eigelb, Salz, Pfeffer

abgeriebene Muskatnuss

Mehl zum Ausrollen

Für die Sauce:

100 g Schlagsahne

100 g Gorgonzola

Salz, Pfeffer

1 Spritzer Zitronensaft

1 Birne

100 ml Weißwein

4 Stiele Majoran

• Zubereitungszeit ca. 45 Minuten
Pro Person ca. 680 Kalorien • 2860 Joule

1. Kartoffeln in der Schale weich kochen, abgießen, abschrecken, pellen und durch eine Kartoffelpresse drücken. Mit Stärke, Haferflocken und Eigelb verkneten. Mit Salz, Pfeffer und Muskat abschmecken.
2. Teig auf bemehlter Arbeitsfläche zu einer 3 cm dicken Rolle formen, in ca. 1 cm dicke Scheiben schneiden und diese mit einer Gabel leicht auseinander drücken. Gnocchi in siedendem Salzwasser garen, bis sie an der Oberfläche schwimmen.
3. Sahne etwas einkochen lassen. Käse in kleine Stücke zerteilen und nach und nach mit einem Schneebesen in die Sahne einrühren. Sauce mit Salz, Pfeffer und Zitronensaft abschmecken. Birne waschen, vierteln, entkernen und in Spalten schneiden. Birne ca. 3 Minuten im Wein dünsten, herausnehmen. Gnocchi, Birne und Sauce zusammen anrichten. Majoran waschen, trockenschütteln und die Blättchen über die Gnocchi streuen.

TIPP Eine andere leckere Möglichkeit die Gnocchi zu servieren ist es, sie in Salbeibutter zu braten. Hierfür 120 g Butter in einer Pfanne erhitzen, bis sie beginnt bräunlich zu werden, dann die Blätter von einem Bund Salbei darin kurz anbraten, zum Schluss mit Pfeffer würzen und über die Gnocchi gießen.

Klein, aber fein

Die Kartoffelnocken gelten in Verona als das Gericht des letzten Freitags im Karneval. Der Sage nach soll der Nockenfreitag zu Anfang des 15. Jahrhunderts entstanden sein. Damals suchte eine große Hungersnot die Stadt heim und es heißt, dass die Regierung daraufhin ein Karnevalsfest gestiftet hat, mit einem großen, kostenlosen Essen. Kartoffelnocken können es allerdings nicht gewesen sein, die damals verteilt wurden, denn die Kartoffeln stammten aus dem noch nicht entdeckten Amerika. Das Gelage am Karnevals-Freitag, den man später Nockenfreitag nannte, wurde bis 1791 von der venezianischen Staatskasse bezahlt. Die Tradition des Nockenfreitags hat sich bis heute gehalten. Herr des Festes ist der papà del gnoccho, der Nockenvater.

Gosht Kari (Lammcurry)

Indisches Curry

🚶🚶🚶🚶 • Zubereitungszeit ca. 2 1/2 Stunden
Pro Person ca. 580 Kalorien • 2440 Joule

750 g mageres Lammfleisch
3 Zwiebeln
1 haselnussgroßes Stück Ingwer
4 EL Mazola Keimöl
Salz, Pfeffer
2 EL Currypulver
1/2 TL Kurkuma
1 Packung (370 ml) Knorr Tomato al Gusto „Kräuter"
125 g Kartoffeln
500 g Blattspinat
1 Knoblauchzehe
1 EL Butterschmalz
abgeriebene Muskatnuss
rosa Pfefferkörner zum Bestreuen

1. Lammfleisch in Würfel schneiden. Zwiebeln schälen und fein hacken. Ingwer schälen und fein reiben. Öl in einem Schmortopf erhitzen, Fleisch darin von allen Seiten anbraten, herausnehmen, mit Salz und Pfeffer würzen.
2. Zwiebeln im Bratfett goldbraun braten. Ingwer, Currypulver und Kurkuma dazugeben und mitbraten. Fleisch, Tomato al Gusto und 250 ml Wasser einrühren. Alles aufkochen und bei schwacher Hitze 60 Minuten schmoren lassen.
3. Kartoffeln schälen, würfeln, zum Fleisch geben und alles weitere 30 Minuten garen. Anschließend Herd ausstellen und das Lammcurry noch 30 Minuten ziehen lassen.
4. Spinat waschen und putzen. Knoblauch schälen, fein hacken und im heißen Butterschmalz glasig dünsten. Spinat tropfnass zufügen und bei geschlossenem Deckel zusammenfallen lassen. Spinat mit Salz, Pfeffer und Muskat abschmecken, auf Teller verteilen und das Lammcurry darauf anrichten. Mit rosa Pfeffer bestreut servieren.

TIPP Haben Sie mehr Ingwer gekauft als Sie zur Zeit verbrauchen können? Schälen Sie die frische Wurzel, schneiden sie in Scheiben und legen diese mit trockenem Sherry bedeckt in ein Schraubdeckelglas. Kühl gelagert, hält sich Ingwer so mehrere Monate frisch. Verwenden Sie den Sherry ebenfalls als Würze, denn er entwickelt mit der Zeit ein sehr feines Aroma.

Würziges vom Subkontinent

Das Wort Curry leitet sich vom Tamilenwort „kari" ab und hat zwei Bedeutungen. Zum einen ist damit eine Gewürzmischung gemeint, die sich jede indische Hausfrau vor der Essensbereitung selbst zusammenstellt und im Mörser mischt. Zum anderen bezeichnet Curry auch die mit Currypulver gewürzte Speise. Ein Lammcurry ist also ein mit Curry gewürztes Lammgericht.

Graved Lachs
Edles aus Skandinavien

♦♦♦♦♦♦ • Zubereitungszeit ca. 45 Min. (ohne Wartezeit)
♦♦♦♦♦♦ Pro Person ca. 200 Kalorien • 840 Joule

1. Eine längliche Arbeitsschale mit Klarsichtfolie auslegen. Salz, Zucker und Pfeffer mischen und die beiden Fischfilets damit einreiben. 8 Bund Dill waschen, trockenschütteln und grob hacken. Ein Fischfilet mit der Hautseite nach unten in die Arbeitsschale legen und den Dill darauf verteilen. Das zweite Lachsfilet mit der Hautseite nach oben darauf legen. Alles mit Klarsichtfolie fest einwickeln. Das Ganze 48 Stunden im Kühlschrank ruhen lassen. Die Filets in dieser Zeit viermal wenden.

2. Kurz vor dem Servieren den Dill vorsichtig von den Fischfilets streifen und diese mit der Haut nach unten auf eine Arbeitsfläche legen. Mit einem scharfen Messer die Haut vom Schwanz- zum Kopfende hin vom Fleisch trennen und entfernen. Restlichen Dill waschen, trockenschütteln, hacken und über die Filets verteilen.

3. Für die Senfsauce Senf, Zitronensaft, Eigelb und Zucker verrühren, dann nach und nach das Öl unterrühren. Dill waschen, trockenschütteln, hacken und zum Schluss unterziehen. Die Sauce zum Lachs servieren. Dazu schmeckt Toastbrot.

Für den Lachs:

160 g Salz

100 g Zucker

4 TL gemahlener, weißer Pfeffer

2 Lachsfiletseiten mit Haut (je 1 kg)

12 Bund Dill

Für die Senfsauce:

6 EL Dijonsenf

2 EL Zitronensaft

4 Eigelb

3 EL Zucker

6 EL Rapsöl

1 Bund Dill

TIPP
Nasse Kräuter lassen sich schlecht hacken. Am besten Sie waschen Dill & Co. immer sofort nach dem Einkauf, dann sind die Blättchen bis zur Zubereitung wieder trocken.

Ein „vergrabener" Edelfisch

Als es noch keine Kühlschränke gab, haben die Fischer und Bauern Skandinaviens frische Lachse nach dem Fang häufig mit Salz und weiteren Gewürzen eingerieben und dann gut verpackt einen halben Meter tief in dem kalten Boden vergraben, wo die Fische durch die gleich bleibende Temperatur länger frisch blieben und die Aromen besonders gut einziehen konnten. Graved Lachs heißt übersetzt nichts anderes als eingegrabener Lachs.

Grüne Sauce
Aus deutscher Frühlingsküche

♠♠♠♠ • *Zubereitungszeit ca. 30 Minuten*
Pro Person ca. 540 Kalorien • 2270 Joule

1. Kartoffeln gründlich waschen, in der Schale kochen und abgießen.

2. In der Zwischenzeit Eier hart kochen, abgießen und pellen. Ein Ei fein hacken. Mayonnaise, saure Sahne und Zitronensaft verrühren. Kräuter waschen, trockenschütteln und fein hacken bzw. in kleine Röllchen schneiden. Kräuter und gehacktes Ei unter die Sahnemischung rühren, mit Salz, Pfeffer und Zucker abschmecken.

3. Restliche Eier vierteln, zusammen mit den Kartoffeln und der grünen Sauce servieren.

1 kg neue Kartoffeln

9 frische Eier

50 g Mayonnaise

250 g saure Sahne

Saft von 1 Zitrone

200 g frische Kräuter
(Dill, Petersilie, Borretsch
Estragon, Pimpinelle,
Zitronenmelisse und
Schnittlauch)

Salz, Pfeffer, Zucker

TIPP Die Kräuter für die Grüne Sauce sollten Sie auf keinen Fall im Mixer zerkleinern, sondern von Hand auf einem Küchenbrett. Nur so bleiben die kostbaren Kräutersäfte vorhanden. Statt der hart gekochten Eier schmecken auch kalter Spargel oder gekochtes Rindfleisch zur Grünen Sauce, die besonders gut schmeckt, wenn sie einige Zeit im Kühlschrank durchziehen kann.

Sieben Kräuter sind Pflicht

Im Hessischen war diese Grüne Sauce das klassische Essen am Gründonnerstag. Dabei mussten nach alter Tradition mindestens sieben verschiedene Kräuter in der Sauce Farbe bekennen. Im Frühling kann man auch heutzutage noch in ganz Hessen die dazu nötigen Kräuter gebündelt kaufen. In anderen Regionen muss die Hausfrau sich die Kräuter einzeln besorgen. In früheren Zeiten ließ man die gehackten Kräuter einige Zeit in Essig und Öl ziehen, gab dann zerdrücktes Eigelb, Gewürze und saure Sahne dazu, strich alles durch ein Sieb und rührte, wenn die Sauce nicht grün genug war, noch etwas Spinatsaft dazu.

Grünkohl mit Mettwurst
Deftiges aus Norddeutschland

2 kg Grünkohl

150 g Zwiebeln

2 EL Schweineschmalz

Salz, Pfeffer

2 Mettwurstringe

2–4 EL Schmelzflocken

Zucker

♟♟♟ • *Zubereitungszeit ca. 2 Stunden*
Pro Person ca. 480 Kalorien • 2020 Joule

1. Grünkohl gründlich waschen und von den Strünken befreien. Kohl in Salzwasser 10–15 Min. kochen. Dann abgießen – dabei die Kochbrühe auffangen – gut abtropfen lassen und hacken.

2. Zwiebeln schälen und fein würfeln. Schweineschmalz in einem großen Topf erhitzen. Zwiebelwürfel darin andünsten. Grünkohl und ca. 1/2 Liter Kochbrühe zufügen, mit Salz und Pfeffer würzen und bei schwacher Hitze 1 Stunde schmoren lassen. Bei Bedarf noch etwas Kochbrühe nachgießen.

3. Mettwurstringe in den Grünkohl geben und darin erhitzen. Schmelzflocken unter den Kohl rühren und die Flüssigkeit damit binden, mit Zucker abschmecken. Dazu passen süße gebratene Kartoffeln.

TIPP Für die Beilage kleine Kartoffeln in der Schale kochen, abgießen und pellen. Butter in einer Pfanne erhitzen. Kartoffeln zufügen und goldgelb braten, dann mit Zucker bestreuen und unter Rühren karamellisieren lassen. Zum Schluss Paniermehl darüber verteilen und erhitzen.

Bremer Eiswette

Grünkohl ist in Süddeutschland fast unbekannt, dafür im Norden aber Grundlage vieler Traditionsessen. Die Bremer Eiswette ist eine von ihnen, sie wurde im Jahr 1829 von Kaufleuten geboren. Zur damaligen Zeit war die Weser im Winter oft vereist, der Seehandel lag somit eine verlustreiche Zeit still. Die Frage der Wette war, ob die Weser an einem bestimmten Wintertag zugefroren oder schiffbar war. Heute wird die Wette alljährlich am dritten Sonnabend im Januar in der „Glocke" am Dom zelebriert. Sechs Stunden lang feiern Kaufleute, Politiker, Anwälte, Ärzte und Journalisten. Es werden humorige Reden gehalten, das Wettergebnis verkündet, ausreichend Eiswette (ein Bremer Korn) getrunken und Grünkohl gegessen.

Gumbo
Traditionelles aus den USA

200 g USA Langkorn-Reis Parboiled

600 g rote und gelbe Paprikaschoten

1 Bund Lauchzwiebeln

1 Zwiebel

2 Knoblauchzehen

40 g Margarine

12 Garnelen (ca. 400 g; entdarmt, ohne Kopf und Schale)

Salz, Pfeffer

2–3 EL Zitronensaft

Cayennepfeffer

3 EL Mehl

500 ml Geflügelbrühe

1 Lorbeerblatt

♦♦♦ • Zubereitungszeit ca. 45 Minuten
Pro Person ca. 390 Kalorien • 1630 Joule

1. Reis in 400 ml kochendes Salzwasser schütten und abgedeckt 15–20 Minuten bei schwacher Hitze ausquellen lassen.

2. Paprika und Lauchzwiebeln putzen und in Stücke schneiden. Zwiebel und Knoblauch schälen und fein hacken.

3. 20 g Margarine in einer Pfanne erhitzen und die Garnelen darin rundum anbraten. Mit Salz, Pfeffer und Zitronensaft würzen und herausnehmen. Paprika, Lauchzwiebeln, Zwiebel und Knoblauch im Bratfett andünsten, herausnehmen. Mit Salz, Cayennepfeffer und Zitronensaft würzen.

4. Restliche Margarine in der Pfanne erhitzen, Mehl einstreuen und unter Rühren braun anschwitzen lassen. Mit Brühe ablöschen, Lorbeerblatt und Gemüsemischung zufügen. Abgedeckt ca. 15 Minuten garen. Nach 10 Minuten die Garnelen auf das Gemüse legen. Zusammen mit dem Reis servieren. Nach Belieben mit einer Zwiebelspalte und einer halbierten gebratenen Knoblauchknolle garnieren.

TIPP Gekochter Reis lässt sich gut auf Vorrat in den Tiefkühlschlaf schicken. Damit die Körner beim Einfrieren nicht aneinander kleben, sollten Sie den Reis zunächst lose auf ein Tablett schütten und offen einfrieren. Erst dann portionsweise in Gefrierbeutel umfüllen. Die Körner halten sich so 6–8 Monate.

Bunter Mix aus der Südstaaten-Küche

Louisiana im Südosten der USA ist die Heimat des Gumbos. Alle Einwanderer, die sich hier im Laufe der Zeit ansiedelten, trugen etwas zu dem Eintopf bei, von dem es inzwischen zahlreiche Variationen gibt. Französische Siedler steuerten die Meerestiere bei. Die Spanier brachten aus ihrer Heimat das Paellarezept mit und so den Reis zum Gumbo. Von den Indianern lernten die Südstaatler den Cayennepfeffer kennen. Gemüse wurde je nach Gusto bunt gemischt. All den vielen verschiedenen Gumborezepten gemein ist die Mehlschwitze, die das Gumbo so schön sämig macht.

Hamburger Pannfisch
Von Deutschlands Küste

1 kg festkochende Kartoffeln

600 g Kabeljaufilet

2 EL Zitronensaft

200 g Butter

100 g Senf

2 Eigelb

200 g Vollmilch-Joghurt

7 EL Öl

Salz, Pfeffer

2 EL Mehl

1/2 Bund Schnittlauch

👤👤👤 • Zubereitungszeit ca. 1 Stunde
Pro Person ca. 920 Kalorien • 3860 Joule

1. Kartoffeln in der Schale kochen, abgießen, abschrecken, pellen und in Scheiben schneiden. Fischfilet waschen, trockentupfen, in Würfel schneiden und mit Zitronensaft beträufeln.

2. Für die Senfsauce Butter bei schwacher Hitze schmelzen. Senf und Eigelb in einen kleinen Topf geben und bei schwacher Hitze mit einem Schneebesen verrühren. Zuerst die flüssige Butter, dann den Joghurt nach und nach unter die Senfmischung rühren. Die Sauce erhitzen, aber nicht kochen. Im Wasserbad warm halten.

3. 4 EL Öl in einer Pfanne erhitzen. Kartoffeln hineingeben, salzen, pfeffern und goldbraun braten.

4. Mehl, Salz und Pfeffer mischen, Fischwürfel darin wenden und im restlichen Öl rundum braten. Schnittlauch waschen, trockenschütteln und in Röllchen schneiden. Fischwürfel über die Kartoffeln geben, Sauce darüber gießen und mit Schnittlauchröllchen bestreuen.

TIPP Enthält das gekaufte Fischfilet noch Gräten? So lassen sie sich am besten entfernen: Legen Sie das Filet über eine Brettkante, dadurch stehen die Gräten hoch, fassen Sie sie jetzt möglichst tief mit einer kleinen, stabilen Pinzette und ziehen sie dann heraus.

Reste in der Pfanne geadelt

In Hamburg war Fisch immer ein wichtiges Hauptnahrungsmittel. Und da man nie etwas verkommen ließ, ist der Pannfisch ein typisches Resteessen. Wenn mittags Fisch und Kartoffeln übrig blieben, bildeten sie die Grundlage für das Abendessen – dann gab's Pannfisch: Kartoffeln und Fisch wurden aufgebraten und mit Senfsauce übergossen.

Himmel und Erde
Traditionelles aus Deutschland

♟♟♟♟ • Zubereitungszeit ca. 45 Minuten
Pro Person ca. 1160 Kalorien • 4870 Joule

1. Kartoffeln schälen, waschen, in Stücke schneiden und in Salzwasser garen.

2. Äpfel waschen, vierteln, entkernen und in Stücke schneiden. Apfelstücke in wenig Wasser mit Zucker dünsten.

3. Speck fein würfeln. Zwiebeln schälen und hacken. Speck in einer Pfanne auslassen, Zwiebeln zufügen und im Speckfett goldgelb braten. Blutwurst in Scheiben schneiden und von beiden Seiten in der heißen Butter anbraten.

4. Kartoffeln abgießen und in eine Schüssel füllen. Apfelstücke zu den Kartoffeln geben und alles zerdrücken. Mit Salz, Pfeffer und Muskat abschmecken. Speck und Zwiebeln auf der Kartoffel-Apfel-Mischung verteilen. Blutwurstscheiben daneben anrichten.

1 kg Kartoffeln

Salz

1 kg Äpfel

1 TL Zucker

250 g durchwachsener Speck

2 Zwiebeln

500 g Blutwurst

30 g Butter

Pfeffer

abgeriebene Muskatnuss

TIPP
Kartoffeln enthalten viele gesunde Vitamine und Mineralstoffe, können bei falscher Lagerung aber auch schädliche Stoffe aufweisen. Wird die Knolle falsch und zu lange gelagert, keimt sie aus. Diese Keime enthalten giftige Substanzen und müssen deshalb unbedingt entfernt werden. Auch grüne Stellen sollten Sie aus gesundheitlichen Gründen abschneiden.

Einfach, schmackhaft – schmackhaft einfach

Ein Gericht, das in zwei Regionen Deutschlands seit altersher gekocht wird. Im Rheinland heißt es Himmel und Erde, in Thüringen sagt man Himmel un Aarn. Beide Male ist das Gleiche gemeint: Es kam auf den Tisch, was Himmel (Äpfel) und Erde (Kartoffeln) hergaben – Hauptsache es machte satt.

Irish Stew
Deftiges aus Irland

750 g Lammschulter

100 g magerer durchwachsener Speck

750 g Kartoffeln

500 g Möhren

3 Zwiebeln

2 EL Mazola Keimöl

Pfeffer

1 l Knorr Rinds-Bouillon

1 TL getrockneter Thymian

1/2 Bund Petersilie

♀♂♀ • Zubereitungszeit ca. 1 3/4 Stunden
Pro Person ca. 950 Kalorien • 3990 Joule

1. Lammfleisch in grobe, Speck in feine Würfel schneiden. Kartoffeln, Möhren und Zwiebeln schälen. Kartoffeln und Möhren in Scheiben schneiden. Zwiebeln hacken. Speck in einem Schmortopf auslassen, herausnehmen. Öl zufügen und erhitzen. Fleisch darin rundum anbraten und ebenfalls herausnehmen.
2. Die Hälfte der Kartoffeln, Möhren und Zwiebeln in den Schmortopf schichten, mit Pfeffer würzen. Die Hälfte der Speckwürfel darüber streuen. Erst die Lammwürfel, dann die übrigen Zutaten darüber schichten.
3. Rinds-Bouillon angießen, Thymian zufügen. Zugedeckt aufkochen und bei schwacher Hitze ca. 1 Stunde schmoren lassen.
4. Petersilie waschen, trockenschütteln, grob hacken und über das fertige Irish Stew streuen.

TIPP Wenn Sie Kräuter aus dem Trockenvorrat verwenden, sollten Sie sie immer etwas zwischen den Handflächen zerreiben, bevor Sie sie ins Gericht streuen. So entwickeln sie mehr Aroma und Würzkraft.

Irisches Nationalgericht

Irish Stew ist auf der ganzen Welt bekannt. Es gibt zahlreiche Variationen, wobei die Verwendung von Hammelfleisch, wie sie das Original vorsieht, immer seltener wird. Die meisten Köche verwenden Lammfleisch. Auch hinsichtlich der übrigen Zutaten sind die Meinungen geteilt. So wird zum Beispiel diskutiert, ob Möhren mitgegart werden sollten oder nicht. Das Urrezept schreibt nur Hammelfleisch, Kartoffeln und Zwiebeln vor. Einig ist man sich allerdings bei der Zubereitungsform, die Zutaten werden geschmort (englisch to stew = schmoren).

Jambalaya
Traditionelles aus den USA

350 g gekochter Schinken

200 g Paprikahartwurst
(z. B. Chorizo oder Cabanossi)

1 Zwiebel

1 Knoblauchzehe

je 1 rote, grüne und gelbe
Paprikaschote

3 EL Öl

225 g USA Langkorn-Reis Parboiled

200 g Tomatenstücke
(aus der Packung)

500 ml Geflügelbrühe

Salz, Pfeffer

12 schwarze Oliven

ʘʘʘʘ • Zubereitungszeit ca. 1 Stunde
Pro Person ca. 590 Kalorien • 2470 Joule

1. Schinken in grobe Stücke, Wurst in Scheiben schneiden. Zwiebel und Knoblauch schälen und fein hacken. Paprika putzen und in mundgerechte Stücke schneiden.
2. Öl in einem Topf erhitzen, Schinken und Wurst darin anbraten. Zwiebel und Knoblauch zufügen und 2 Minuten mitbraten. Reis und Paprika einrühren und 3 Minuten andünsten.
3. Tomaten und Brühe in den Topf gießen, aufkochen lassen und bei schwacher Hitze abgedeckt etwa 15–20 Minuten garen. Mit Salz und Pfeffer abschmecken und die Oliven in dem Jambalaya erwärmen. Nach Belieben mit Petersilienblättchen garnieren.

TIPP Nach dem Hacken von Knoblauch bleibt oft sein intensiver Geruch am Küchenbrettchen haften. Damit die ätherischen Öle des Knoblauchs nicht freigesetzt werden und ins Brett einziehen können, sollte die geschälte Zehe zuerst mit Öl beträufelt werden. An den Händen beseitigen Sie den Geruch, indem Sie sie mit Kaffeesatz einreiben und waschen.

Typisches aus der Südstaatenküche

Das Jambalaya ist das wohl typischste und vielseitigste Gericht der so genannten „Südstaaten-Küche". Der Name dieses Gerichts setzt sich aus Begriffen zusammen, die die Bewohner der Südstaaten aus ihren Heimatländern mitbrachten: Die französischen Einwanderer und die afrikanischen Sklaven. „Jambo" heißt im Französischen Schinken und „à la" soviel wie für oder mit, „ya" ist ein altes afrikanisches Wort für Reis.

Käsefondue

Geselliges Essen aus der Schweiz

1 kleiner Blumenkohl

250 g Brokkoli

4 Möhren

Salz, Pfeffer

1 Fenchelknolle

je 1 gelbe und rote Paprikaschote

1 kg Baguette

1 kg Gruyère

1 Knoblauchzehe

400 ml trockener Weißwein

2 cl Kirschwasser

1 TL Zitronensaft

2–3 TL Speisestärke

abgeriebene Muskatnuss

10 g Butter

♙♙♙♙♙ • Zubereitungszeit ca. 1 Stunde
Pro Person ca. 1280 Kalorien • 5380 Joule

1. Blumenkohl und Brokkoli putzen, in Röschen teilen, Möhren schälen und in Scheiben schneiden, alles getrennt in Salzwasser bissfest garen. Fenchel putzen und in Streifen schneiden. Paprika putzen und würfeln. Gemüse auf Tellern anrichten. Brot aufschneiden.

2. Käse reiben. Knoblauch schälen und fein hacken. Butter im Caquelon (Feuertopf) schmelzen und die Knoblauchzehe darin andünsten. Wein und Kirschwasser einrühren und aufkochen lassen, dann den Zitronensaft zufügen. Käse und Stärke mischen, auf einmal in das Caquelon geben und unter ständigem Rühren aufkochen. Fertiges Fondue mit Muskat und Pfeffer abschmecken. Sobald das Fondue aufkocht, Hitze reduzieren, so dass es nur leicht vor sich hin köchelt.

3. Gemüse und Brot zum Fondue servieren. Die einzelnen Stücke auf die Fonduegabel spießen und durch die Käsemasse ziehen. Nach Belieben zusätzlich noch sauer eingelegtes Gemüse dazu servieren.

TIPP Je reifer der Käse ist, den Sie fürs Fondue wählen, desto intensiver ist sein Geschmack. – Bei der Zubereitung sollten Sie immer in Form einer Acht durch den Käse rühren, so schmilzt er besser und zieht keine Fäden. Und denken Sie daran, zum Schutz des Tisches unter das Rechaud ein Metall- oder Holztablett zu stellen.

Vom alpenländischen Nationalgericht

Der Begriff Fondue ist abgeleitet vom französischen „fondre", das schmelzen, zergehen lassen heißt. Das Fondue gilt als urtümliches Schweizer Nationalgericht und fügt sich bestens zur guten alten Schweizer Tradition des „Miteinanderessens aus einem Topf". Früher war das Schweizer Käsefondue vom Charakter her eher eine Käse-Ei-Suppe. Bis heute ist es deshalb in der Schweiz auch üblich, ganz zum Schluss ein Ei in den Caquelon zu schlagen, um so die letzten Käsereste im Topf zu binden. Die gebundene Käse-Ei-Masse wird dann gerecht unter allen Essensteilnehmern verteilt.

Kaiserschmarrn
Traditionelles aus Österreich

♦♦♦♦♦ • Zubereitungszeit ca. 45 Minuten
Pro Person ca. 610 Kalorien • 2560 Joule

1. Eier trennen. Mehl, Eigelbe, Milch und Vanillin-Zucker verrühren. Teig etwa 20 Minuten ausquellen lassen. Mandelblättchen in einer trockenen Pfanne goldgelb rösten, auf einen Teller schütten und abkühlen lassen.

2. Eiweiße steif schlagen und unter den Teig heben. Etwas Butter in einer Pfanne zerlassen. Den Teig etwa 1/2 cm hoch einfüllen und bei schwacher Hitze etwa 3 Minuten goldgelb backen. Teig wenden und die Unterseite backen.

3. Kaiserschmarrn mit zwei Gabeln in Stücke reißen. Etwas Butter zufügen und kurz weiterbacken, dann herausnehmen und warm stellen. Restlichen Teig genauso abbacken. Kaiserschmarrn mit Puderzucker bestäuben und mit Mandeln bestreuen. Mit je einer Eiskugel servieren.

8 Eier

250 g Mehl

375 ml Milch

1 Päckchen Vanillin-Zucker

50 g Mandelblättchen

80 g Butter

4 EL Puderzucker zum Bestäuben

6 Kugeln (à 75 ml) Vanilleeis

TIPP
Statt mit Eis können Sie den Kaiserschmarrn auch mit Pflaumen- oder Mirabellenkompott servieren. Wollen Sie den Teig noch verfeinern, dann rühren Sie 100 g klein geschnittene getrocknete Aprikosen und 50 g Sonnenblumenkerne unter.

Franz Josephs kaiserlicher Schmarrn

Kaiser Franz Joseph I. von Österreich liebte die einfache Küche. Besonders zugetan war er den süßen Mehlspeisen. Als er einen Jagdausflug unternahm, so sagt die Legende, machte er Rast in einer kleinen Almkäserei. Von den Bewohnern der Hütte, die Kaser (wegen der Käsebereitung) hießen, bekam er einen Schmarrn vorgesetzt, der ihm ganz besonders gut schmeckte. Woraufhin der gut gelaunte Kaiser meinte: Dieser Kaserschmarrn wär wohl würdig „Kaiserschmarrn" genannt zu werden.

Karpfen blau

Festessen aus Deutschland

2 große Kartoffeln

1 küchenfertiger Karpfen (2–2,5 kg)

Salz, Pfeffer

150 ml Essig

Zitronen

Möhren

👤👤👤👤 • Zubereitungszeit ca. 1 1/2 Stunden
Pro Person ca. 550 Kalorien • 2310 Joule

1. Kartoffeln schälen, der Länge nach ein Stück abschneiden, so dass die Kartoffeln eine feste Auflagefläche haben.
2. Karpfen unter fließendem Wasser vorsichtig abspülen, dabei darauf achten, dass die Schleimhaut nicht verletzt wird. Die innere weiße Bauchhaut mit reichlich Salz herausreiben, anschließend den Karpfen innen ausspülen, mit Küchenpapier trockentupfen und leicht pfeffern.
3. Fisch in einen Fischtopf oder die Fettpfanne des Backofens setzen, dabei die Kartoffeln so in den Karpfen legen, dass er aufrecht steht.
4. 150 ml Wasser und Essig erwärmen, Karpfen damit begießen, so dass die Haut blau wird. Karpfen 5 Minuten ruhen lassen, dann im vorgeheizten Backofen (E-Herd: 225 °C/ Gasherd: Stufe 4) ca. 45 Minuten garen. Karpfen vorsichtig auf eine mit Zitronen- und Möhrenscheiben ausgelegte Platte heben.
Als Beilagen nach Belieben Petersilienkartoffeln, zerlassene Butter und Sahnemeerrettich servieren.

TIPP Sie können den Karpfen auch in siedendem Wasser zubereiten. Dazu zerkleinern Sie ein Bund Suppengrün, geben es mit einer Zwiebel, einem Lorbeerblatt, Pfeffer- und Senfkörnern in stark gesalzenes Wasser und lassen alles 10 Minuten köcheln. Anschließend legen Sie den mit Essig begossenen Fisch nach der 5-minütigen Ruhezeit für ca. 30 Minuten ins Wasser und lassen ihn gar ziehen.

Fastenspeise der Mönche

Mönche waren es, die schon früh in den unterschiedlichen Gebieten Deutschlands Teiche anlegten und Fische züchteten. So begannen z.B. die Zisterziensermönche sofort nach Gründung des Klosters Reynevelde (beim heutigen Reinfeld in Schleswig-Holstein) im Jahre 1176 die Sümpfe der Umgebung trockenzulegen und Teiche auszuheben. Diese für die damalige Zeit gewaltige Pionierarbeit hatte ihren zwingenden Grund in den Ordensregeln, die den Mönchen jeglichen Verzehr von Fleisch verbaten. Deshalb galt Karpfen auch lange Zeit als Fastenfisch.

Kartäuser-Klöße
Süßes aus Deutschland

🏃🏃🏃 • Zubereitungszeit ca. 45 Minuten (ohne Wartezeit)
Pro Person ca. 730 Kalorien • 3070 Joule

1. Für die Sauce Sauerkirschen waschen, entsteinen und in einen Topf geben. Kirschwasser, Vanillin-Zucker und Zucker unterrühren und so lange kochen, bis eine dickflüssige Sauce entstanden ist. Mit Zimt abschmecken.

2. Für die Klöße die Rinde der Brötchen abreiben, Brösel mit Paniermehl mischen und beiseite stellen. Eigelb mit Milch verquirlen, Vanillin-Zucker und Kirschwasser unterrühren. Brötchen halbieren und in der Eiermilch einweichen.

3. Brötchenhälften leicht ausdrücken und in der Paniermehl-Mischung wenden. Butter in einer Pfanne erhitzen und die Kartäuser-Klöße darin bei schwacher Hitze von beiden Seiten goldbraun braten. Zucker mit Zimt mischen und über die heißen Klöße streuen. Dazu die Kirschsauce reichen.

Für die Kirschsauce:

500 g Sauerkirschen

2 EL Kirschwasser

1 Päckchen Vanillin-Zucker

5 EL Zucker

1 Prise Zimt

Für die Klöße:

3 Milchbrötchen vom Vortag

4 EL Paniermehl

3 Eigelb

500 ml Milch

3 Päckchen Vanillin-Zucker

4 EL Kirschwasser

100 g Butter

2 EL Zucker

1/2 TL Zimt

TIPP

Zimtpulver verliert schnell an Aroma. Kaufen Sie daher am besten nur kleine Mengen, die Sie bald aufbrauchen. In der Zwischenzeit in einem undurchsichtigen Schraubdeckelglas aufbewahren. Zimtstangen halten sich dagegen zwei bis drei Jahre, wenn sie kühl und dunkel in gut verschlossenen Gefäßen gelagert werden. Bei Bedarf die Stangen aufbrechen und in einem Mörser zerkleinern. Erst beim Zermahlen löst sich das Aroma und gibt den Gerichten den typischen Geschmack.

Süßes von den Klosterbrüdern

Im 16. Jahrhundert hatte der vom Heiligen Bruno von Köln gegründete Kartäuserorden seine Blütezeit. Über 200 Klöster gab es damals, die vom Stammhaus, dem Grande Chartreuse, geführt wurden. Die Mönche des Ordens konnten nicht nur köstlichen Likör ansetzen, sie konnten auch leckere Süßspeisen herstellen, wie dieses Rezept beweist.

Kasseler mit Erbsenpüree
Traditionelles aus Deutschland

♦♦♦♦ • *Zubereitungszeit ca. 2 Stunden (ohne Einweichzeit)*
Pro Person ca. 1080 Kalorien • 4540 Joule

1. Für das Püree Erbsen über Nacht in 1 Liter kaltem Wasser einweichen. Am nächsten Tag mit dem Einweichwasser aufkochen. Suppengrün putzen und in Stücke schneiden. Zwiebel schälen und hacken, beides zu den Erbsen geben und 1–1 1/2 Stunden weich kochen. Die gegarten Erbsen im Mixer pürieren. Butter erhitzen, unter das Püree rühren und mit Salz und Pfeffer abschmecken.

2. Für das Sauerkraut Zwiebel schälen, fein hacken und im Schmalz andünsten. Sauerkraut auseinander zupfen, zusammen mit Kümmel, Wacholderbeeren und Brühe zur Zwiebel geben, mit Salz und Zucker würzen und 1–1 1/2 Stunden schmoren.

3. Kasseler auf den Rost der Fettpfanne legen und im vorgeheizten Backofen (E-Herd: 200 °C/Gasherd: Stufe 3) ca. 45 Minuten braten. Sobald der Bratensatz bräunt, etwas heißes Wasser hinzufügen, Fleisch zwischendurch mit dem Bratensatz begießen. Zwiebel schälen, vierteln und nach 20 Min. in die Fettpfanne geben. Braten aus dem Ofen nehmen, warm halten. Bratensatz mit wenig Wasser lösen, durch ein Sieb in einen Topf gießen, 50 ml Rotwein angießen. Restlichen Wein mit Mehl verquirlen, in die kochende Sauce rühren, mit Salz und Pfeffer abschmecken und mindestens 5 Min. köcheln lassen. Kasseler mit dem Erbsenpüree auf dem Sauerkraut anrichten.

Für das Erbsenpüree:
400 g getr. gelbe o. grüne Erbsen
1 Bund Suppengrün, 1 Zwiebel
30 g Butter, Salz, Pfeffer
Für das Sauerkraut:
1 Zwiebel
10 g Butterschmalz
750 g Sauerkraut
Kümmel, Wacholderbeeren
500 ml Fleischbrühe
Salz, 1 Prise Zucker
Für das Kasseler:
1 kg Kasseler
1 Zwiebel
100 ml Rotwein
3 EL Mehl
Salz, Pfeffer

TIPP
Sauerkraut bekommt ein fruchtiges, sehr mildes Aroma, wenn Sie es statt in Brühe in Apfelsaft garen. Besonders edel schmeckt das Kraut, wenn kleine Ananasstücke mitschmoren und es kurz vor dem Servieren mit etwas Sekt übergossen wird.

Berliner Spezialität mit Weltruf
Mit der nordhessischen Stadt Kassel hat dieses lecker gepökelte Fleischstück nichts zu tun. Das Kasseler wurde erstmals vom Schlachtermeister Cassel in der Potsdamer Straße in Berlin zubereitet. Er hatte einen angeräucherten Schweinerücken in Salzlake gelegt und schon florierte sein Fleisch- und Wurstladen noch besser als vorher.

Königsberger Klopse

Bekanntes aus Ostpreußen

• Zubereitungszeit ca. 45 Minuten
Pro Person ca. 350 Kalorien • 1470 Joule

1 Brötchen vom Vortag	1,5
1 Zwiebel	1
2 Eier	3
2 TL Senf	3
500 g Hackfleisch vom Kalb (beim Fleischer vorbestellen)	750
Salz, Pfeffer	
750 ml Fleischbrühe	1000
30 g Butter	40
35 g Mehl	45
2 EL Milch	3
2 Sardellenfilets	3
2 EL Kapern	2
1–2 TL Zitronensaft	2

1. Brötchen in kaltem Wasser einweichen. Zwiebel schälen und fein hacken. 1 Ei trennen. Brötchen ausdrücken, mit Zwiebel, ganzem Ei, Eiweiß und Senf unter das Hackfleisch kneten. Mit Salz und Pfeffer würzen.

2. Aus der Fleischmasse mit nassen Händen runde Klopse drehen. Fleischbrühe aufkochen. Klopse hineingeben und bei schwacher Hitze ca. 8 Minuten gar ziehen lassen. Klopse herausnehmen, Brühe durch ein Sieb gießen und 500 ml abmessen.

3. Butter erhitzen, Mehl darin anschwitzen, mit abgemessener Brühe unter Rühren ablöschen, Sauce ca. 5 Minuten köcheln lassen. Eigelb mit Milch und etwas Sauce verschlagen und in die nicht mehr kochende Sauce rühren. Sardellen hacken, zusammen mit den Kapern in der Sauce erwärmen, mit Zitronensaft, Salz und Pfeffer abschmecken. Klopse in die Sauce geben und ca. 5 Minuten darin ziehen lassen.

TIPP Je kleiner die Kapern, desto feiner sind sie im Geschmack. Beim Würzen mit Kapern sollten Sie möglichst wenig Kräuter verwenden, denn mit dominanten Gewürzen wie Salbei oder Rosmarin vertragen sie sich nicht, einzig mit Zitronensaft und Sardellen harmonieren sie.

Von Klops und Kloß

Der Name Klops leitet sich vom schwedischen kalops = Rundklopfhack ab. So wurden teigähnliche, platte oder kugelige Rundlinge genannt. Wichtig dabei, sie müssen Fleisch enthalten, andernfalls sind es Klöße. Der wohl berühmteste Klops ist der Königsberger, der in seiner Heimat auch Saurer oder Soßklops heißt.

Kuzu Pilav
Geschmortes Lamm aus der Türkei

500 g mageres Lammfleisch

1 Zwiebel

3 EL Mazola Keimöl

Salz, Pfeffer

1/2 TL Zimt

3 gehäufte TL Knorr Fleischsuppe

2–3 EL Tomatenmark

250 g Langkornreis

2–3 EL Korinthen

1–2 EL Pinienkerne

ﾞﾞﾞﾞ • Zubereitungszeit ca. 2 Stunden
Pro Person ca. 620 Kalorien • 2600 Joule

1. Lammfleisch in kleine Würfel schneiden. Zwiebel schälen und fein hacken.

2. Fleisch portionsweise im heißen Öl anbraten, zum Schluss die Zwiebel zufügen und mitbraten. Alles mit Salz, Pfeffer und Zimt bestreuen. 750 ml heißes Wasser angießen und aufkochen. Fleischsuppe und Tomatenmark einrühren. Abgedeckt bei schwacher Hitze ca. 1 Stunde schmoren lassen.

3. Reis mit Korinthen und Pinienkernen einrühren und ca. 20 Minuten ausquellen lassen.

TIPP Pinienkerne sind die Samenkerne einer südlichen Kiefernart. Sie schmecken gut in Fleisch- und Gemüsegerichten, Suppen und auch Desserts. Da die stark ölhaltigen Kerne schnell ranzig werden, bewahren Sie sie am besten nicht länger als einen Monat im Kühlschrank auf.

Reis in Variationen

In seiner Grundform ist ein Pilav (auch Pilaw, Pilaf oder Pilaff von osmanisch pilav = Reisbrei, oder Pilau: persisch pilaou = gekochter Reis) nichts anderes als in Fett gedünster Reis. Im Laufe der Jahrhunderte haben die Köche viele leckere Varianten entwickelt. Neben dem Pilav als Beilage kennt die orientalische Küche heute zahlreiche Mischgerichte auf Pilav-Basis, die mit Nüssen, Gewürzen und Früchten exotisch aromatisiert sind. Am bekanntesten ist der Hammelpilav, der in seiner Urform lediglich mit Salz und Safran gewürzt wurde.

Labskaus
Seemannskost aus Deutschland

🧍🧍🧍🧍🧍🧍 • *Zubereitungszeit ca. 2 1/2 Stunden*
Pro Person ca. 850 Kalorien • 3570 Joule

1. Möhre schälen und grob würfeln. Fleisch in gut
1 Liter Wasser mit Möhre, Lorbeerblatt und Nelken
1 1/2 Stunden weich kochen.

2. Heringe entgräten und wässern. Kartoffeln schälen, würfeln und in kochendem Salzwasser garen.

3. Fleisch aus der Brühe heben, Heringe abtropfen
lassen. Fleisch, Heringe und Kartoffeln zusammen
durch die feine Scheibe des Fleischwolfs drehen oder
mit einem Schneidstab pürieren.

4. Zwiebeln schälen, würfeln und im Schmalz glasig
dünsten. Fleisch-Kartoffel-Herings-Brei zufügen und
kurz anbraten. Dabei so viel Kochbrühe unterrühren,
dass ein geschmeidiger Brei entsteht. Mit Salz, Pfeffer
und Muskat abschmecken.

5. Eier in heißer Butter zu Spiegeleiern braten, salzen und
pfeffern. Gewürzgurken in Scheiben schneiden. Labskaus auf
Teller verteilen, die Spiegeleier darauf setzen, Gurken und Rote
Bete daneben anrichten.

1 Möhre

1 kg Pökelfleisch vom Rind

1 Lorbeerblatt

2 Gewürznelken

4 Salzheringe

1 kg Kartoffeln

2 Zwiebeln

2 EL Schweineschmalz

Salz, Pfeffer

abgeriebene Muskatnuss

6 frische Eier

2 EL Butter

4 Gewürzgurken

200 g eingelegte
Rote Bete

TIPP
Wenn's schnell gehen soll, können Sie auch Corned Beef fürs
Labskaus verwenden. Dadurch entfällt die lange Kochzeit. Einfach
nur das Corned Beef zerkleinern und zusammen mit den Zwiebeln
braten, anschließend zerkleinerte Heringe und Kartoffelbrei unterrühren.

Der Streit um den Hering

Labskaus ist ein traditionsreiches, Reste verwertendes Seemannsgericht, das aus der großen Zeit
der Windjammer stammt. Der Koch musste das Pökelfleisch, das wegen seiner guten Haltbarkeit
immer an Bord mitgeführt wurde, mit anderen Dauervorräten zu einem sättigenden Gericht
verarbeiten. So entstand aus Fleisch, Kartoffeln und Zwiebeln, die gekocht und in der Brühe
zerkleinert wurden, ein deftiger Eintopf, der oft noch mit Schiffszwieback gebunden wurde. Ob
klein gehackter Hering unter das Labskaus gehört oder nicht, ist nicht eindeutig zu klären. Alte
Seeleute, die es wissen müssten, sagen, das sei eine Verfälschung. In manch alten Kochbüchern
ist nachzulesen, dass der Hering dem Labskaus erst das richtige maritime Aroma verleiht. Wem
will man Glauben schenken?

Lammhackfleisch-Pastete
Edles vom französischen Hof

Für den Teig:

250 g Mehl

Salz, 1 Ei

150 g Butter

Für die Füllung:

1 große Zwiebel

1 Knoblauchzehe

1 kleine Peperoni

4 Stiele Thymian

500 g Lammhackfleisch

1 Ei

Salz, Pfeffer

100 g Möhren

100 g Staudensellerie

4 EL Milch

1 Eigelb

♦ ♦ ♦ ♦ ♦ • Zubereitungszeit ca. 2 3/4 Stunden
Pro Person ca. 570 Kalorien • 2490 Joule

1. Mehl, Salz, Ei und Butter in Flöckchen schnell zu einem glatten Teig verkneten, zu einer Kugel formen und in Klarsichtfolie gewickelt 1 Stunde im Kühlschrank ruhen lassen.

2. Für die Füllung Zwiebel und Knoblauchzehe schälen und hacken. Peperoni halbieren, entkernen, waschen und klein schneiden. Thymian waschen, trockenschütteln und die Blättchen von den Stielen zupfen. Alles mit Lammhackfleisch und Ei verkneten, mit Salz und Pfeffer würzen. Möhren schälen und im Ganzen in Salzwasser bissfest garen. Sellerie putzen.

3. Teig dünn ausrollen und eine gefettete Kastenform mit 2/3 des Teiges auskleiden. Die Hälfte der Füllung hineingeben, Möhren und Sellerie darauf legen. Restlichen Hackteig darauf verstreichen. Restlichen Teig als Deckel auf die Pastete legen, fest drücken und in der Mitte ein Loch ausstechen, damit der Dampf entweichen kann. Milch und Eigelb verquirlen und die Pastete damit einstreichen. Pastete im vorgeheizten Backofen (E-Herd: 175 °C/Gasherd: Stufe 2) 50–60 Minuten backen. Pastete aufschneiden. Dazu schmeckt Cumberlandsauce.

Kulinarische Kunst

Im Laufe der Jahrhunderte hat sich die kulinarische Bewertung bestimmter Gerichte immer wieder verändert. So stammten Pasteten und Terrinen ursprünglich aus der bäuerlichen Küche, in der man beim Kochen sparen musste und deshalb bei den Zutaten nicht allzu wählerisch sein konnte. Die Kunst bestand eben darin, auch Reste und minderwertigere Teile des geschlachteten Tieres in eine gefällige und schmackhafte Form zu bringen. Ihre Hochzeit erlebten die Pasteten vermutlich nach der „Entdeckung" der Gewürze im 14. und 15. Jahrhundert. In der Prachtentfaltung der Renaissance bildeten Pasteten am französischen Hof den Höhepunkt jeden Mahls. Damals schufen die Pastetenbäcker mit Hilfe von Bildhauern, Architekten und Handwerkern wahre Kunstwerke. Pasteten wurden zu prunkvollen Tafelaufsätzen, also (essbarem) Tischschmuck, mit denen den staunenden Gästen im wahrsten Sinne des Wortes eine Sensation „serviert" wurde.

Leberkäse-Toast

Brotzeit aus Deutschland

4 Personen • Zubereitungszeit ca. 20 Minuten
Pro Person ca. 580 Kalorien • 2440 Joule

1 Zwiebel
100 g Salatgurke
2 EL Butterschmalz
4 (à 125 g) Scheiben Leberkäse
4 Scheiben Toastbrot
2 EL süßer Senf

1. Zwiebel schälen und in Ringe schneiden. Salatgurke waschen und in Scheiben schneiden.
2. Butterschmalz in einer Pfanne erhitzen und die Leberkäsescheiben darin von beiden Seiten braten.
3. Toastscheiben rösten, mit Senf bestreichen und die Leberkäsescheiben darauf legen. Zwiebelringe im heißen Bratfett kurz glasig dünsten, auf dem Leberkäse verteilen und mit Gurkenscheiben belegen. Toast nach Belieben auf Salatblättern anrichten, mit Dillfähnchen garnieren und mit Radieschen servieren.

TIPP Frisches Toastbrot schimmelt weniger schnell und ist nach dem Rösten auch knuspriger, wenn Sie die angebrochene Packung im Kühlschrank aufbewahren. Wollen Sie den Toast über einen längeren Zeitraum auf Vorrat haben, legen Sie das Brot in die Tiefkühltruhe. Die Scheiben können Sie bei Bedarf direkt vom Kälteschlaf in den Toaster stecken.

Wenn Leber draufsteht, ist noch lange keine Leber drin

Nur selten enthält der Leberkäse auch Leber, was guten Grund und Tradition hat, denn der bayrische Name stammt von Laib, bayrisch Loab und nicht von der Innerei ab. Die Fleischspezialität wurde nämlich schon früher wie die alten Bauernkäselaibe Limburger und Romadur geformt.

Marillenknödel
Traditionelles aus Österreich

ŧŧŧŧ • Zubereitungszeit ca. 1 1/2 Stunden
Pro Person ca. 750 Kalorien • 3150 Joule

1. Marillen waschen und entsteinen, dabei die Früchte nur an einer Seite aufschneiden.

2. Mehl und Instantflocken in eine Schüssel schütten, Hefe zerbröckeln, 25 g Zucker, Ei, 1 Prise Salz und Zitronenschale zufügen. Milch schwach erwärmen, 25 g Butter darin schmelzen, in die Schüssel gießen und alles zu einem weichen Hefeteig verkneten. Abgedeckt an einem warmen Ort 30 Minuten gehen lassen.

3. Teig erneut durchkneten und zu Rollen formen, diese in 16–20 Scheiben schneiden. Die Scheiben flach drücken und sorgfältig um je eine Marille ziehen, die Nahtstellen gut zusammendrücken und die Knödel gleichmäßig rund rollen. Auf bemehlter Arbeitsfläche erneut abgedeckt 5 Minuten gehen lassen.

4. Knödel in siedendes Salzwasser geben und 10 Minuten darin ziehen lassen, dabei mehrmals wenden.

5. Haferfleks mit einer Küchenrolle zerkleinern, mit restlichem Zucker mischen und über die fertigen Marillenknödel streuen. Restliche Butter zerlassen und extra dazu reichen.

16–20 Marillen (Aprikosen)

160 g Mehl

100 g Kölln Instant Flocken

1/2 Würfel (21 g) frische Hefe

85 g Zucker

1 Ei, Salz

abgeriebene Schale
1/2 unbehandelten Zitrone

125 ml Milch

125 g Butter

Mehl für die Arbeitsfläche

60 g Kölln Knusprige Haferfleks

TIPP Wer die Knödel besonders süß liebt, kann jede Marille, bevor sie im Teig eingeschlagen wird, zusätzlich mit einem Stück Würfelzucker füllen.

Marillenknödel – ein sinnliches Vergnügen

Pikante Knödel als Beilage zu Fleisch und Gemüse oder als Suppeneinlage waren in Österreich schon lange bekannt und geschätzt. Die Idee, Teigkugeln mit Obst zu füllen, setzte sich erst im Wien des 19. Jahrhunderts durch. Damals verwöhnten besonders böhmische Köchinnen ihre Herrschaften mit köstlich süßen Mehlspeisen, wie auch den fruchtigen Knödeln. Beliebt bei allen Feinschmeckern war der Hochsommer, wenn in der Wachau die Marillen (Aprikosen) geerntet und anschließend so süß verpackt wurden.

Martinsgans

Festliches aus Deutschland

3 altbackene Brötchen
1 Gans (3,5 kg)
Salz, Pfeffer
2 EL getrockneter Majoran
1 Gänseleber
2 Zwiebeln
250 g Äpfel
1 Bund Petersilie
150 g Schmand
3 Eier
100 g TK-Erbsen
abgeriebene Muskatnuss
20 ml Armagnac
200 ml Bier
2–4 EL Speisestärke

• Zubereitungszeit ca. 4 1/2 Stunden
Pro Person ca. 1370 Kalorien • 5750 Joule

1. Brötchen einweichen. Gans innen und außen gründlich waschen und trockentupfen. Gans außen mit Salz, innen gut mit Salz, Pfeffer und Majoran einreiben.
2. Brötchen ausdrücken. Leber waschen, trockentupfen und mit den Brötchen zusammen durch den Fleischwolf drehen. Zwiebeln schälen und würfeln. Äpfel schälen, vierteln, entkernen und in kleine Stücke schneiden, Petersilie waschen, trockenschütteln und hacken. Alles mit Schmand und Eiern unter die Lebermasse kneten. Erbsen unterziehen. Mit Salz, Pfeffer, Muskat und Armagnac würzen.
3. Gans mit der Masse füllen und gut verschließen. Gans dressieren und mit der Brust nach unten in einen Bräter legen, 250 ml heißes Wasser angießen. Im vorgeheizten Backofen (E-Herd: 200 °C/Gasherd: Stufe 3) 3 1/2 Stunden braten. Davon die erste 1/2 Stunde bei geschlossenem Deckel. Nach 1 Stunde die Gans wenden und die Keulen mehrfach einstechen. Gans mehrmals mit der Bratflüssigkeit bestreichen.
4. Gans aus dem Bräter nehmen, Bratfond mit Bier lösen. Stärke mit etwas kaltem Wasser verquirlen, in die Sauce rühren, einmal aufkochen lassen, mit Salz, Pfeffer und Muskat abschmecken. Zur Gans servieren. Dazu schmecken Knödel und Apfelrotkohl.

Am Martinstag, dem 11. November, gibt es Gans

Schon immer war in unseren Breiten der November der Monat, in dem das Bauernjahr zu Ende ging. Das Vieh wurde von den Weiden getrieben. Was nicht im schützenden Stall überwinterte, wurde geschlachtet und wanderte entweder in die eigene Küche oder in die des Grundherren. Denn der 11. November, der St.-Martins-Tag, war der Hauptzinstag, an dem viele Bauern ihre Pacht mit Gänsen zahlten. Die Legende erzählt eine andere Geschichte:
So sollte im vierten Jahrhundert Martin von Tour, einst Kriegs- und Kirchenmann, Bischof der französischen Stadt Tour werden. Zu bescheiden, das Amt anzunehmen, versteckte er sich im Gänsestall, wo ihn jedoch das empörte Geschnatter der Tiere verriet. Die Gänse wurden zur Strafe verspeist, Martin wurde Bischof und Schutzpatron der Gänsezucht.

Matjes mit Speckstippe
Fein-saures aus Deutschland

👤👤👤 • Zubereitungszeit ca. 30 Minuten
Pro Person ca. 800 Kalorien • 3360 Joule

125 g durchwachsener Speck

200 g Butter

1 Bund Bohnenkraut

400 g grüne Bohnen

Salz

4 doppelte Matjesfilets (à 160 g)

1. Speck fein würfeln und in einer Pfanne kross auslassen. Mit einer Schaumkelle aus dem flüssigen Fett
heben und auf Küchenpapier abtropfen lassen. Fett
abgießen. Butter in die Pfanne geben und erhitzen.
2. Bohnenkraut waschen. Bohnen putzen und zusammen mit dem Bohnenkraut in Salzwasser 7–8 Minuten
kochen. Abgießen, gut abtropfen lassen.
3. Die Speckwürfel kurz vor dem Servieren in die
heiße Butter geben.
4. Matjesfilets auf Tellern anrichten. Bohnen daneben
legen. Speckstippe über den Bohnen verteilen. Dazu
schmecken neue Petersilienkartoffeln.

TIPP Auch bei Matjes gilt: Fisch ist nicht gleich Fisch.
Der Fettgehalt dieser Heringsspezialität schwankt zwischen 12 und 20 Prozent. Der kleine, dreijährige Matjes
hat meist 20 g Fett in 100 g Fischfleisch, besitzt noch sehr
weiche Gräten und ist besonders zart. Also der ideale Matjes
für dieses Gericht.

Der jungfräuliche Fisch

Im schleswig-holsteinischen Glückstadt an der Elbe hat Matjes Tradition: Früher besaß das
Hafenstädtchen eine eigene Heringsflotte, die ihren Fang in den kleinen Binnenhafen brachte,
speziell den Matjes, den berühmten jungfräulichen Hering, der im Frühjahr gefangen wurde,
bevor er geschlechtsreif war. Noch auf See wurde der Fisch gekehlt (eine besondere Art des
Ausnehmens), gesalzen und in Holzfässern eingelegt. Jahrhundertelang waren die so gereiften
„Glückstädter Matjes" eine berühmte Delikatesse, zu deren Genuss man auch von weit her an-
reiste.

Mousse au chocolat
Frankreich de Luxe

2 Tafeln (à 100 g)
Zartbitter-Schokolade

400 g Schlagsahne

2 TL löslicher Kaffee

4 EL Grand Marnier

2 Eier

Kumquats oder andere
frische Früchte der Saison

👤👤👤 • Zubereitungszeit ca. 45 Minuten (ohne Wartezeit)
Pro Person ca. 630 Kalorien • 2650 Joule

1. Schokolade zerbrechen. Zusammen mit Sahne und Kaffee in einen Topf geben und unter langsamen Erhitzen auflösen. Grand Marnier einrühren und erkalten lassen. Eier trennen. Eigelb unter die warme Flüssigkeit rühren.

2. Schokoladencreme im Kühlschrank 2 Stunden durchkühlen lassen. Eiweiß steif schlagen und unter die kalte Schokoladencreme ziehen.

3. Mousse au chocolat auf Portionsteller verteilen. Kumquats waschen, abtrocknen, in Scheiben schneiden und die Mousse damit verzieren.

TIPP Damit Sie einen stabilen Eischnee bekommen, sollten Sie folgendes beachten:
• Schüssel und Schneebesen müssen völlig fettfrei und kalt sein.
• Es dürfen keine Eigelbreste im Eiweiß schwimmen.
• Eischnee wird schneller fest, wenn Sie einige Spritzer Zitronensaft zum Eiweiß geben.
Um zu testen, ob der Eischnee die richtige Konsistenz hat, fahren Sie mit einem Messer hindurch. Wenn die Schnittstelle sichtbar bleibt, ist der Eischnee perfekt.

Immer eine Sünde Wert

Als Kolumbus 1502 an der Insel Guanaja landete, kostete er als erster Europäer den Kakao, den ihm die Eingeborenen zur Begrüßung reichten. Hernando Cortés brachte den Kakao wenig später nach Spanien, von wo aus er auch bald Frankreich eroberte. Schnell wurde Schokolade zum Modegetränk der Adligen. Die besten Köche und Konditoren experimentierten mit der neuen Luxus-Zutat Schokolade, und so entstanden nach und nach immer mehr Kreationen mit der neuen Nascherei. Eine von ihnen war die Mousse au chocolat, der „Schaum aus Schokolade".

Nasi Goreng
Traditionelles aus Indonesien

250 g Langkornreis

1 rote Paprikaschote

3 Lauchzwiebeln

1 Dose Maiskölbchen

400 g Putenschnitzel

1 haselnussgroßes Stück Ingwer

1 Knoblauchzehe

6 EL Sonnenblumenöl

50 g Sonnenblumenkerne

150 g TK-Erbsen

4 EL Brühe

2 EL Sojasauce

1/2 TL Sambal Oelek

Salz

👤👤👤👤 • Zubereitungszeit ca. 1 Stunde (ohne Wartezeit)
Pro Person ca. 550 Kalorien • 2310 Joule

1. Reis nach Herstellerangaben in Salzwasser garen. Am besten über Nacht abkühlen lassen.

2. Paprika putzen und in Streifen schneiden. Lauchzwiebeln putzen und in Ringe schneiden. Mais abtropfen lassen. Putenschnitzel waschen, trockentupfen und in Streifen schneiden. Ingwer und Knoblauch schälen und fein hacken.

3. 2 EL Öl in einem Wok erhitzen, Sonnenblumenkerne darin unter Rühren goldbraun rösten, herausnehmen und salzen. 1 weiteren EL Öl in den Wok geben. Fleisch, Ingwer und Knoblauch darin anbraten, herausnehmen. Restliches Öl in dem Wok erhitzen, Reis darin 5 Minuten unter Wenden braten. Lauchzwiebeln, Paprika und Erbsen nach 2 Minuten zum Reis geben.

4. Brühe, Sojasauce und Sambal Oelek einrühren und alles 5–10 Minuten dünsten. Fleisch und Maiskölbchen im Nasi Goreng erhitzen. Abschmecken. Mit den gerösteten Sonnenblumenkernen servieren.

TIPP

Sambals sind indonesische Würzpasten, die aus gestoßenen oder gehackten roten Chilischoten bestehen. Bei uns am bekanntesten ist das Sambal Oelek. Es zählt zu den besonders scharfen Pasten, denn außer Chilischoten kommt nur noch Salz hinein. Beim Würzen mit Sambal Oelek ist deshalb Vorsicht geboten. Verwenden Sie lieber etwas zu wenig als zu viel!

Fernöstlich-köstlich

Wie viele berühmte Gerichte ist auch das Nasi Goreng ein Resteessen. Die Übersetzung des Namens lautet „gekochter Reis gebraten", nicht einfach nur „gebratener Reis". Und dieser Unterschied ist das Geheimnis eines guten Nasi Gorengs. Der Reis muss vorgekocht und einige Stunden abgekühlt sein, nur so können sich die Körner beim Erwärmen trennen und mit den anderen Zutaten vom Vortag, wie z.B. Hähnchen oder Fleisch, locker mischen. Wer will, kann das Nasi Goreng noch mit einem Spiegelei toppen.

Obatzda
Brotaufstrich aus Deutschland

2 Zwiebeln

500 g Camembert (60 %)

80 g weiche Butter

Paprikapulver, edelsüß

Salz, Pfeffer

gemahlener Kümmel

4 Scheiben Schwarzbrot

⚲⚲⚲⚲ • Zubereitungszeit ca. 15 Minuten
Pro Person ca. 320 Kalorien • 1340 Joule

1. Zwiebeln schälen und fein hacken. Camembert mit einer Gabel zerdrücken, weiche Butter und Zwiebeln untermischen, mit Paprikapulver, Salz, Pfeffer und Kümmel abschmecken.
2. Obatzda auf den Schwarzbrotscheiben verstreichen.

TIPP Nehmen Sie für diese Spezialität nicht irgendeinen Camembert. Der Käse sollte seine volle Reife erreicht haben und wenn möglich ein Rohmilchprodukt sein. Zu diesem würzigen Gericht passen junge, trockene bis halbtrockene Kabinettweine am besten, z.B. ein Silvaner, ein Weißburgunder oder ein Riesling.

Der Angepatzte

Das Ausgangsprodukt des Obatzdas, der Camembert, entstand vor über 200 Jahren in der Normandie. Damals entdeckte die Bäuerin Marie Harel eine neue Art der Weichkäsebereitung. Den französischen Camembert haben die Bayern noch etwas verfeinert, indem sie ihn mit Frischkäse und Gewürzen vermengten. Diese Art der Anreicherung nennen die Bayern „Obatzda", was soviel wie „angepatzter" oder angemachter Käse bedeutet.

Ossobuco alla milanese
Geschmortes aus Italien

4 Kalbshaxenscheiben (à 250 g)

Salz, Pfeffer

2 EL Mehl

200 g Möhren

200 g Staudensellerie

6 EL Bertolli Olivenöl Classico

1 Dose (880 ml) geschälte Tomaten

250 ml Brühe

250 ml Weißwein

1 Prise Zucker

1 Knoblauchzehe

1 Bund Petersilie

1 TL abgeriebene Schale von
1 unbehandelten Zitrone

🕴🕴🕴🕴 • Zubereitungszeit ca. 1 3/4 Stunden
Pro Person ca. 440 Kalorien • 1850 Joule

1. Fleisch abspülen, trockentupfen, salzen, pfeffern und im Mehl wenden. Möhren schälen, Sellerie putzen, beides fein würfeln.

2. Olivenöl in einem Bräter erhitzen. Fleisch darin von beiden Seiten goldbraun braten. Gemüse zufügen und andünsten. Tomaten mit Saft, Brühe und Wein angießen. Ossobuco zugedeckt bei mittlerer Hitze 75 Minuten schmoren. Sauce mit Salz, Pfeffer und Zucker abschmecken.

3. Knoblauch schälen, Petersilie waschen und trockenschütteln, beides fein hacken, mit der Zitronenschale mischen. Diese Cremolata zum Schluss über das Ossobuco streuen.

TIPP Knoblauchzehen trocknen nicht aus, wenn Sie sie geschält in einem fest verschlossenen Glas und mit Öl bedeckt aufbewahren. Anschließend können Sie das aromatisierte Öl für Marinaden oder Salatdressings verwenden.

Feine Fleischscheibe aus Mailand

Der Name Ossobuco bedeutet „Knochen (mit) Loch". In Norditalien wird die Kalbshaxe nebst Knochen quer in Scheiben geschnitten, dadurch weist jede Scheibe in der Mitte ein röhrenförmiges Knochenstück mit Loch auf. Die Norditaliener servieren das Ossobuco alla milanese mit Risotto, es schmeckt aber auch gut zusammen mit Spaghetti oder Ciabatta.

Paella
Traditionelles aus Spanien

4 Hähnchenbrustfilets

250 g Garnelenfleisch

Salz, Paprikapulver edelsüß

je 1 rote und gelbe Paprikaschote

2 Zwiebeln

2 Knoblauchzehen

4 EL Olivenöl

300 g Spitzen-Langkornreis
(z. B. von Müller's Mühle)

600 ml Hühnerbrühe

1 Döschen Safran

100 g TK-Erbsen

👤👤👤 • Zubereitungszeit ca. 1 3/4 Stunden
Pro Person 620 Kalorien • 2600 Joule

1. Hähnchen waschen, trockentupfen und würfeln. Garnelen waschen und trockentupfen. Garnelen und Hähnchenteile mit Salz und Paprika würzen. Paprika putzen und in Würfel schneiden. Zwiebeln und Knoblauch schälen und fein hacken.

2. Öl in einer Paellapfanne (30 cm Durchmesser) erhitzen. Hähnchenfleisch und Garnelen darin unter Wenden 10 Minuten braten. Alles aus dem Bratfett nehmen.

3. Zwiebeln, Knoblauch, Paprika und Reis darin andünsten. Brühe aufkochen, Safran darin auflösen und über den Reis gießen. Erbsen, Hähnchenfleisch und Garnelen untermischen.

4. Paella im vorgeheizten Backofen (E-Herd: 200 °C/ Gasherd: Stufe 3) 30–40 Minuten garen.

TIPP Wenn Sie keine Paellapfanne besitzen, können Sie auch eine Kasserolle aus Emaille oder Gusseisen mit einem 5 cm hohen Rand nehmen.

Ein Gericht mit unzähligen Variationen

Die Paella (sprich Pa-elja) ist ein spanisches Nationalgericht. Ihr Name leitet sich vom spanischen patella (Schüssel) ab. Das bunte Reisgericht stammt aus der Gegend von Albufera, wo Reis immer angebaut und gern gegessen wurde. Ursprünglich wurden in der Paella die Reste des Vortags – Fleisch und Gemüse – mit Safranreis kombiniert. Die Zutaten wurden in flachen Metallpfannen, den Paellas, über offenem Feuer gegart. Eine richtige Paella sollte – laut Feinschmeckern – über offenem Feuer gegart werden. Dabei nimmt sie das feine Raucharoma an. Außerdem bildet sich über offenem Feuer am Boden der Pfanne eine schmackhafte Kruste, die so genannte socarrada, am besten. Ein eindeutig festgelegtes Paella-Rezept gibt es nicht, nur unzählige Variationen.

Pariser Zwiebelsuppe
Wärmendes aus Frankreich

2 Gemüsezwiebeln

3 Knoblauchzehen

50 g Butter

35 g Mehl

650 ml Gemüsebrühe

150 g trockener Weißwein

Salz, Pfeffer

gemahlener Kümmel

1 Prise Zucker

150 g französischer Comté-Käse

4 Scheiben (à 25 g) Weißbrot

1/2 Bund Petersilie

† † † • Zubereitungszeit ca. 1 Stunde
Pro Person ca. 420 Kalorien • 1760 Joule

1. Zwiebeln schälen und in halbe Ringe schneiden. Knoblauch schälen und in dünne Scheiben schneiden.
2. Butter in einem Topf schmelzen, Zwiebeln und Knoblauch darin bei mittlerer Hitze glasig werden lassen. Mit Mehl bestäuben, anschwitzen und mit Brühe und Wein ablöschen. Aufkochen lassen, mit Salz, Pfeffer, Kümmel und Zucker würzen. Suppe ca. 15 Minuten köcheln lassen.
3. Käse reiben. Brotscheiben entrinden. Suppe in vier ofenfeste Suppentassen füllen, je eine Brotscheibe darauf legen und mit Käse bestreuen. Suppe im vorgeheizten Backofen (E-Herd: 200 °C / Gasherd: Stufe 3) ca. 10 Minuten überbacken. Petersilie waschen, trockenschütteln, hacken und vorm Servieren über die Suppe streuen.

TIPP Frischer Käse lässt sich leichter reiben, wenn Sie ihn vorher kurz ins Gefriergerät legen. Die Reibe verklebt anschließend nicht so schnell und Sie können den Käse ohne Reste verbrauchen.

Die Suppe, die alle vereinte

Als es die Markthallen, den legendären „Bauch von Paris" noch gab, trafen sich hier Lastwagenfahrer, Marktfrauen, Damen vom horizontalen Gewerbe mit ihren Begleitern und andere Nachtschwärmer in den frühen Morgenstunden gern in den kleinen Lokalen ringsherum, genossen das bunte Treiben und die berühmte Zwiebelsuppe. Sie war die Löffelspeise zum Aufwärmen und Aufmuntern.

Pfefferpotthast

Gewürztes aus Deutschland

1 kg Rindfleisch (Brust oder Bug)

1 kg Zwiebeln

40 g Butterschmalz

Salz, Pfeffer

1 l Brühe

3 Lorbeerblätter

2 Gewürznelken

2 Pimentkörner

1 TL schwarze Pfefferkörner

2 EL Paniermehl

1 unbehandelte Zitrone

† † † † • Zubereitungszeit ca. 2 Stunden
Pro Person ca. 810 Kalorien • 3400 Joule

1. Rindfleisch würfeln. Zwiebeln schälen und in Ringe schneiden.

2. Schmalz in einem Bräter erhitzen. Fleisch darin portionsweise von allen Seiten anbraten. Herausnehmen, mit Salz und Pfeffer würzen. Zwiebelringe ins Bratfett geben und darin glasig dünsten.

3. Fleisch, Brühe, Lorbeerblätter, Nelken, Piment- und Pfefferkörner in den Bräter geben und alles bei mittlerer Hitze abgedeckt 1 1/2 Stunden schmoren lassen. Paniermehl einrühren und noch 5 Minuten köcheln lassen.

4. Zitrone waschen, abtrocknen, Schale abreiben, Saft auspressen. Pfefferpotthast mit Salz, Pfeffer, Zitronenschale und -saft abschmecken. Dazu schmecken Petersilienkartoffeln und Rote Bete.

TIPP Die Zitronenschale bleibt beim Abreiben nicht an der Reibe hängen, wenn Sie vorher um diese ein Stück Pergamentpapier gewickelt haben. Das Papier drückt sich in die Reibfläche. Die abgeriebene Schale bleibt am Papier haften und lässt sich ganz leicht ablösen.

Dortmunder Spezialität

Der Pfefferpotthast ist ein alter westfälischer Festtagsschmaus, der auf Hochzeiten ebenso beliebt ist wie bei offiziellen Anlässen oder Volksfesten. Schon im 14. Jahrhundert wurde dieses Fleischgericht auf Dortmunder Märkten verkauft. Woher der Name kommt? Er setzt sich zusammen aus Pfeffer (die Würzung), Pott (= Topf) und Hast, ein Synonym für geschmortes Fleisch.

Pichelsteiner

Gemüseeintopf aus Deutschland

👤👤👤👤 • Zubereitungszeit ca. 2 Stunden
Pro Person ca. 360 Kalorien • 1510 Joule

1. Rindfleisch in Würfel schneiden. Kartoffeln, Möhren, Sellerie und Zwiebeln schälen und klein schneiden. Porree und Kohl putzen, Poree in Ringe, Kohl in Stücke schneiden.

2. Einen Topf mit Butter einfetten. Fleisch und Gemüse abwechselnd einschichten, dabei jede Schicht mit Gewürzen und Majoran bestreuen.

3. Brühe aufkochen, über die Fleisch-Gemüse-Mischung gießen, abdecken und bei mittlerer Hitze 1 1/2 Stunden ohne umzurühren garen.

4. Petersilie waschen, trockenschütteln und über den fertigen Pichelsteiner streuen.

600 g Rindfleisch aus der Hüfte

350 g Kartoffeln

200 g Möhren

150 g Sellerieknolle

2 Zwiebeln

1 Stange Porree (Lauch)

400 g Weißkohl

30 g Butter

Pfeffer, Salz

1 EL Kümmel

1 TL getrockneter Majoran

500 ml Fleischbrühe

1/2 Bund Petersilie

TIPP Um ganz sicher zu sein, dass nichts anbrennt, können Sie den Pichelsteiner Eintopf auch 1 1/2 Stunden bei 175 °C im Backofen garen.

Zusammengekochtes für Freiherrn von der Trenck

Namensgeber dieses bunten Eintopfs soll der Berg Büchelstein bei der Stadt Regen gewesen sein. Dort fiel einst Freiherr von der Trenck mit seinen wilden Gesellen über die armen Anwohner her und forderte sie mit den Worten „Essen oder Leben" auf, seine Truppe zu verpflegen. Die Frauen suchten zusammen, was sie hatten, Gemüse aus dem Garten, Fleischreste, Kartoffeln und Gewürzkräuter und kochten alles im großen Topf, der an einem Haken über dem Feuer hing. Den wilden Gesellen schmeckte der Eintopf, die Anwohner behielten ihr Leben.

Piroschki

Pikante Pastetchen aus Russland

👤👤👤 • Zubereitungszeit ca. 1 1/2 Stunden
Pro Person ca. 610 Kalorien • 2560 Joule

1. Milch erwärmen, Hefe zerbröckeln und in die Milch rühren. Mit 4–6 EL Öl, Salz und Mehl zu einem glatten Teig verkneten. Zugedeckt an einem warmen Ort 30 Minuten gehen lassen.

2. Eier hart kochen, kalt abschrecken und pellen, abkühlen lassen und fein hacken. Dill waschen, trockenschütteln und hacken.

3. Hackfleisch im restlichen Öl 10 Minuten braten. Eier, Dill, Maiskörner und Zwiebelsuppe mit dem Hackfleisch vermischen.

4. Teig auf bemehlter Arbeitsfläche ausrollen. 10 cm große Kreise ausstechen. Hackmasse in die Mitte geben, zusammenklappen und die Teigränder fest zusammendrücken. Piroschki auf ein mit Backpapier ausgelegtes Backblech legen. Eigelb mit 1 EL Wasser verquirlen und die Piroschki damit bestreichen. Im vorgeheizten Backofen (E-Herd: 175 °C/Gasherd: Stufe 2) ca. 15 Minuten backen.

100 ml Milch

1/2 Packung (21 g) frische Hefe

6–8 EL Mazola Keimöl

1 Prise Salz

250 g Mehl

2 Eier

1 Bund Dill

2 EL Maiskörner

1 Beutel Knorr Feinschmecker Zwiebelsuppe

200 g gemischtes Hackfleisch

Mehl für die Arbeitsfläche

1 Eigelb

TIPP Eier platzen beim Kochen nicht auf, wenn sie ca. 30 Minuten vorher aus dem Kühlschrank genommen werden und Raumtemperatur haben. Wenn das Malheur doch passiert, geben Sie schnell Essig oder Salz ins Kochwasser, dann quillt die Eimasse nicht weiter aus dem Riss.

Von Piroggen, Piroschki und Rasstegajtschiki

Die dreieckigen oder halbmondförmigen Pasteten mit pikanter Füllung waren schon im Zarenreich bekannt. Ihr Name leitet sich von dem altrussischen pir = Gastmahl, Schmaus ab. Das zeigt, dass die großen Piroggen, die kleinen Piroschki und die winzigen Rasstegajtschiki mit ihren vielfältigen Füllungen seit jeher Ehrenplätze an der russischen Tafel einnahmen. Es gab sogar klassische Tafelordnungen, bei denen sie immer nach dem Fischgang und vor dem zweiten Hauptgericht aufgetragen wurden.

Pizza Margherita
Saftiges Fastfood aus Italien

Für den Teig:

300 g Mehl

1/2 Würfel (21 g) frische Hefe

1/2 TL Salz

1 EL Butter

Fett fürs Blech

Für den Belag:

3 Fleischtomaten

1 Packung (250 g) Mozzarella von Zott

Salz, Pfeffer

1/2 Bund Basilikum

1 EL Olivenöl

👤👤👤 • Zubereitungszeit ca. 45 Minuten (ohne Wartezeit)
Pro Person ca. 500 Kalorien • 2100 Joule

1. Mehl in eine Schüssel schütten, in die Mitte eine Mulde drücken. Hefe hineinbröckeln, 125 ml lauwarmes Wasser darüber gießen, alles mit etwas Mehl verrühren und abgedeckt an einem warmen Ort 10 – 15 Minuten gehen lassen. Salz und Butter zufügen und alles zu einem glatten Hefeteig verkneten. Abgedeckt nochmals 30 Minuten gehen lassen.

2. Teig auf einem gefetteten Backblech ausrollen. Tomaten waschen und in Scheiben schneiden, Mozzarella abtropfen lassen und ebenfalls in Scheiben schneiden. Hefeteig damit belegen, salzen und pfeffern. Basilikum waschen, trockenschütteln, hacken und über die Pizza streuen. Zum Schluss das Olivenöl darüber träufeln. Im vorgeheizten Backofen (E-Herd: 225 °C/ Gasherd: Stufe 4) 15–20 Minuten backen.

TIPP Falsche Lagerung lässt speziell kaltgepresstes Olivenöl ranzig werden. Sie können das verhindern, indem Sie drei wichtige Grundregeln beachten: Öle vertragen kein Licht, keinen Luftsauerstoff und keine Wärme! Deshalb:
• Ölgefäße nie lange offen stehen lassen.
• Öl immer im Dunkeln aufbewahren.
• Öl bei 10–16 °C lagern (im Kühlschrank wird Olivenöl trübe und flockt aus, bei Wärme wird es allerdings wieder klar).
• angebrochene Ölflaschen möglichst innerhalb weniger Wochen verbrauchen.

Die Pizza in Nationalfarben

In Neapel ist die Pizza schon seit über 200 Jahren als leckerer, preiswerter Imbiss bekannt. In den Gassen wurden Teigfladen in holzbefeuerten Öfen gebacken, mit Kräutern bestreut und einigen Tropfen Olivenöl beträufelt. Hin und wieder kam auch eine Sardelle auf den Teig. Hoffähig wurde die Pizza 1889, als das italienische Königspaar Neapel besuchte. Um sich volksnah zu zeigen, bestellte das Paar eine Pizza. Der beauftragte Bäcker garnierte den Teig mit weißem Mozzarella, roten Tomaten und grünen Basilikumblättern, den Farben der italienischen Flagge.

Pot au Feu

Französischer Feuertopf

Zubereitungszeit ca. 2 1/2 Stunden
Pro Person ca. 230 Kalorien • 970 Joule

3 Zwiebeln
6 Gewürznelken
3 Lorbeerblätter
1 kg Charoluxe-Rindfleisch aus der Oberschale
1 großer Markknochen (150 g)
Salz
200 g Möhren
200 g Knollensellerie
1 Petersilienwurzel
2 Stangen Porree (Lauch)
200 g Brokkoli
Pfeffer

1. Zwiebeln schälen, mit Nelken und Lorbeerblättern spicken. Rindfleisch, Markknochen, Zwiebeln und 1 EL Salz in 2 1/2 Litern kaltem Wasser aufsetzen, zum Kochen bringen und 1 1/2 Stunden köcheln lassen.
2. In der Zwischenzeit Möhren, Sellerie und Petersilienwurzel schälen und würfeln. Lauch und Brokkoli putzen, Lauch in dicke Ringe, Brokkoli in Röschen schneiden. Gemüse, bis auf den Brokkoli, zum Fleisch geben und alles weitere 30 Minuten köcheln lassen. Brokkoli 15 Minuten vor Ende der Garzeit zufügen.
3. Fleisch, Knochen und Zwiebeln aus der Suppe nehmen. Fleisch in mundgerechte Stücke schneiden und wieder in die Suppe geben. Suppe mit Salz und Pfeffer abschmecken.

TIPP Beim Einkauf ist das Möhrengrün wichtig. Wenn es frisch und saftig aussieht, sind auch die Möhren knackig. Zu Hause sollten Sie das Grün aber entfernen, denn es entzieht dem Gemüse die Feuchtigeit und lässt es so schneller welken.

Der Topf über dem Feuer

Noch bis zur Mitte des letzten Jahrhunderts stellte die Suppe für die Landbevölkerung Haupt- und einzige warme Mahlzeit dar. Der Pot au Feu, Feuertopf, war früher praktisch die einzige Kochweise einfacher Leute. Man hängte einen Topf über die Feuerstelle, gab an Gemüse hinein, was man gerade hatte, selten auch Fleisch, goss Wasser darüber und überließ den weiteren Kochvorgang sich selbst. Der Topfinhalt garte so oft stundenlang über schwacher Flamme. Es entstand eine köstlich aromatische Mischung.

Putensandwich
Traditionelles aus England

♦♦♦♦ • *Zubereitungszeit ca. 30 Minuten*
Pro Person ca. 320 Kalorien • 1340 Joule

1. Putenbrust waschen, trockentupfen, salzen, pfeffern und im heißen Öl von jeder Seite braten, zum Abkühlen beiseite stellen.

2. Knoblauch schälen und zerdrücken. Petersilie waschen, trockenschütteln und fein hacken, beides mit Butter, Quark und Schmand verrühren, mit Salz und Pfeffer abschmecken.

3. 4 Scheiben Brot mit der Petersiliencreme bestreichen und diagonal halbieren. Putenfilet in Scheiben schneiden und darauf verteilen. Rosa Pfeffer im Mörser zerstoßen und über das Fleisch streuen. Restliche Brotscheiben ebenfalls diagonal halbieren und die belegten Brote damit abdecken.

200 g Putenbrustfilet

Salz, Pfeffer

1 EL Öl

1 Knoblauchzehe

1/2 Bund glatte Petersilie

40 g Butter

3 EL Magerquark

3 EL Schmand

8 Scheiben Kastenweißbrot

2 TL rosa Pfeffer

TIPP Wenn Sie keine Knoblauchpresse besitzen, schneiden Sie die geschälte Zehe in kleine Würfel, legen sie auf ein Küchenbrett und bestreuen sie mit Salz. Anschließend mit einem breiten Messerrücken zerdrücken. Dabei verhindert das Salz das Wegrutschen des Knoblauchs.

Kulinarisches vom Spieltisch

Die „Erfindung" des Sandwichs soll angeblich im Jahre 1762 beim Kartenspielen im Londoner Hellfire Club stattgefunden haben. Der 4. Earl of Sandwich (1718–1792) war ein begeisterter und ausdauernder Kartenspieler. Da er sein Spiel nicht durch die Einnahme zeitraubender normaler Mahlzeiten unterbrechen wollte, ließ er sich vom Koch des Clubs reichhaltig belegte Weißbrotscheiben servieren. Und zwar sollte das Fleisch so zwischen zwei Brotscheiben liegen, dass seine Finger fürs Kartenspielen nicht fettig wurden.

Quiche Lorraine
Pikanter Kuchen aus Frankreich

♦♦♦♦ • Zubereitungszeit ca. 1 1/4 Stunden (ohne Wartezeit)
♦♦♦♦ Pro Person ca. 560 Kalorien • 2350 Joule

Für den Teig:

250 g Mehl

100 g Butterschmalz

1 TL Salz

Butterschmalz für die Form

Für den Belag:

150 g magerer
durchwachsener Speck

4 Eier

400 g Schlagsahne

Salz, Pfeffer

1 Prise abgeriebene Muskatnuss

1/2 Bund Schnittlauch

1. Für den Teig Mehl, Butterschmalz, Salz und 100 ml kaltes Wasser schnell zu einem glatten Teig verkneten. Teig zu einer Kugel formen und in Klarsichtfolie gewickelt im Kühlschrank 1 Stunde ruhen lassen.

2. Speck erst in dünne Scheiben, dann diese in Streifen schneiden. Kurz in kochendes Wasser legen, herausnehmen und auf Küchenpapier abtropfen lassen. Anschließend in einer Pfanne kurz anbraten, abkühlen lassen.

3. Spring- oder Quicheform mit Butterschmalz einfetten. Teig ca. 2 cm dünn ausrollen und die Form damit auslegen. Rand gut hochdrücken, Boden mit einer Gabel mehrfach einstechen

4. Speckstreifen auf dem Teigboden verteilen. Eier und Sahne verquirlen, mit Salz, Pfeffer und Muskat würzen, über den Speck gießen. Quiche im vorgeheizten Backofen (E-Herd: 225 °C/Gasherd: Sufe 4) 10 Minuten vorbacken, dann herunterschalten (E-Herd: 200 °C/Gasherd: Stufe 3) und 20 Minuten zu Ende backen. Schnittlauch waschen, trockenschütteln, in kleine Röllchen schneiden und über die warme Quiche Lorraine streuen.

TIPP
Die Zutaten für den Quicheteig sollten kalt sein, rasch verknetet und anschließend wieder kalt gestellt werden. Rollen Sie den Teig am besten auf einem Stein- oder Marmorbrett aus und bestreichen dieses vorher mit Öl oder bestreuen es mit Mehl. Auch die Teigrolle (möglichst Marmor) vorher einmehlen.

Käse gehört nicht ins Original
Die Quiche Lorraine taucht schon in 400 Jahre alten Kochbüchern auf. Hauptgeschmacksträger ist der Speck, eine Spezialität Lothringens. Seit dem Mittelalter wurde in dieser Gegend Salz abgebaut. Die Bevölkerung handelte damit und verwendete es zur Konservierung von Wurst- und Schlachtwaren. Als die Quiche Lorraine auch die übrigen Regionen Frankreichs eroberte, mogelte sich geriebener Käse mit in das Rezept. Ursprünglich gehörte er nicht dazu.

Raclette
Warmer Käse aus der Schweiz

1 kg Kartoffeln

1 kg Raclette Switzerland

1 Bund Lauchzwiebeln

2 rote Paprikaschoten

250 g Kirschtomaten

Salz, Pfeffer

Kümmel

gehackte Kräuter

👤👤👤 • Zubereitungszeit ca. 30 Minuten
Pro Person ca. 1070 Kalorien • 44990 Joule

1. Kartoffeln in der Schale kochen. Käse in Scheiben schneiden. Lauchzwiebeln putzen, Grün in Ringe schneiden, Knollen vierteln. Paprika putzen und in Streifen schneiden. Kirschtomaten waschen, evtl. halbieren.

2. Bei Tisch legt sich jeder die gewünschten Zutaten selbst ins Portionspfännchen, würzt sie und deckt sie mit einer Scheibe Käse ab. Dann kommt das Pfännchen so lange unter den heißen Grill, bis der Käse zu zerlaufen beginnt.

TIPP Der Phantasie sind beim Raclette-Essen keine Grenzen gesetzt. Sie können Ihren Gästen auch frisches Obst (Ananas, Birnen, Aprikosen), Pilze oder Zucchinischeiben, Schinkenstreifen, Garnelen oder dünne Rinderfiletscheiben anbieten.

Dank den Walliser Weinbauern

Das urigste Rezept der Schweizer Käseküche verdankt seine Entstehung einem Zufall. Beim Rebschnitt im Winter wärmten sich Walliser Bauern in ihrer Mittagspause an einem Feuer aus Rebholz. Dabei geriet das große Stück Käse, das sie mitgebracht hatten, zu nah an die Flammen. Um die wertvolle Speise zu retten, fing man das Herabgetropfte mit einem Stück Brot auf. Das Raclette war geboren. Das traditionelle Walliser Raclette-Essen zelebriert man auch heute noch am offenen Feuer. Dazu werden halbe Käselaibe mit der Schnittfläche vor das Feuer gehalten. Die dann schmelzende und leicht brodelnde Schnittfläche wird mit einem Spezialmesser oder der stumpfen Rückseite eines Brotmessers auf einen vorgewärmten Teller abgestrichen und mit Pfeffer gewürzt. Ein Abstrich ergibt eine Portion, dazu reicht man Pellkartoffeln. Der Name des Gerichts kommt vom französischen „racler", zu Deutsch: schaben.

Rheinische Muscheln

Fangfrisches aus Deutschland

•••• • Zubereitungszeit ca. 45 Minuten
Pro Person ca. 280 Kalorien • 1180 Joule

2 kg Miesmuscheln
1 Bund Suppengrün
2 Zwiebeln
2–3 Knoblauchzehen
40 g Butter
2 EL Olivenöl
2 Lorbeerblätter
200 ml Gemüsefond
200 ml trockener Weißwein
Salz, Pfeffer
1 Bund glatte Petersilie

1. Miesmuscheln waschen und putzen. Beschädigte Muscheln aussortieren. Suppengrün putzen, Zwiebeln schälen, alles fein würfeln. Knoblauch schälen und zerdrücken.
2. Butter und Öl in einem großen Topf erhitzen. Gemüsewürfel, Knoblauch und Lorbeerblätter darin andünsten. Gemüsefond und Wein angießen. Alles 10 Minuten bei geöffnetem Deckel kochen lassen. Anschließend mit Salz und Pfeffer würzen.
3. Muscheln in den Sud geben und 7–10 Minuten abgedeckt bei starker Hitze kochen lassen. Dabei den Topf hin und wieder kräftig schütteln.
4. Petersilie waschen, trockenschütteln, hacken und über die fertigen Muscheln streuen. Zusammen mit dem Sud servieren. Dazu schmeckt Baguette.

TIPP So können Sie testen, ob frisch gekaufte, geöffnete Muscheln noch leben und sich zum Verzehr eignen: Klopfen Sie die geöffneten Muscheln leicht an eine Tischkante. Schließen sie sich, können Sie sie zum Kochen verwenden.

Fein in Schale

In den Monaten mit einem R im Namen, also zwischen September und April werden und wurden die Mies- und Pfahlmuscheln in der Nordsee und im Ärmelkanal geerntet. Als im 19. Jahrhundert durch den Bau der Eisenbahn frische Muscheln bis in die rheinischen Städte gelangten gewannen sie dort viele Liebhaber. Ihre Zahl ist auch heute noch so groß, dass sich rechts und links des Rheins viele Restaurants ganz auf Muschelgerichte spezialisiert haben.

Rheinischer Sauerbraten
Feiner deutscher Sonntagsbraten

100 g Möhren

1 große Zwiebel

1/8 l Weinessig

3 Nelken

1/2 TL Pfefferkörner

1 Lorbeerblatt

4 Wacholderbeeren

800 g Rinderschulter

Salz, Pfeffer

30 g Butterschmalz

60 g Lebkuchen

1 EL Apfelkraut

200 g Rosinen

3 EL Schmand

Zucker

🕴🕴🕴 • Zubereitungszeit ca. 2 Stunden (ohne Wartezeit)
Pro Person 800 Kalorien • 3360 Joule

1. Möhren und Zwiebel schälen und klein schneiden, mit Essig, 1 Liter Wasser und Gewürzen aufkochen. Marinade wieder abkühlen lassen und über das Fleisch gießen. Braten 2–3 Tage marinieren lassen, dabei ab und zu wenden.
2. Fleisch aus der Marinade nehmen, trockentupfen und mit Salz und Pfeffer einreiben. Butterschmalz in einem Bräter erhitzen. Fleisch darin von allen Seiten kräftig anbraten, mit abgesiebter Marinade ablöschen. Lebkuchen zerbröseln, mit Apfelkraut in den Bräter geben. Braten abgedeckt 1 1/2 Stunden schmoren lassen.
3. 15 Minuten vor Ende der Garzeit die Rosinen in die Sauce geben. Fleisch aus dem Bräter nehmen und warm stellen. Schmand in die Sauce rühren und alles mit Salz, Pfeffer und Zucker abschmecken, zum aufgeschnittenen Braten servieren. Dazu schmecken Kartoffelklöße.

TIPP Damit die Marinade gut in den Braten einziehen kann, sollte sie ihn möglichst ganz umspülen. Besonders gut gelingt's, wenn Sie das Fleisch zusammen mit der Flüssigkeit in einen Gefrierbeutel geben. Diesen luftdicht verschließen und hin und wieder drehen.

Von den Römern importiert

Zwei Aussagen zur Entstehungsgeschichte des Sauerbratens sind gewiss. Zum einen hatte man früher nur drei Möglichkeiten, Fleisch über längere Zeit zu konservieren: einpökeln, räuchern oder in eine Essigmarinade einlegen. Zum anderen wurde der Rheinische Sauerbraten in seiner ursprünglichen Form aus Pferdefleisch hergestellt. Die dritte Behauptung mag stimmen oder nicht: Schon die römischen Legionäre sollen auf ihren Eroberungsfeldzügen in Essig eingelegtes Fleisch und getrocknete Weinbeeren mitgebracht haben. Als sie schließlich im Rheinland ankamen, war das Fleisch lange genug mariniert und wurde zu einem köstlichen Gericht verarbeitet: dem Vorläufer des Rheinischen Sauerbratens.

Rinderrouladen mit Rotkohl

Sonntagsessen aus Deutschland

Zubereitungszeit ca. 1 1/2 Stunden
Pro Person ca. 640 Kalorien • 2690 Joule

6 Zwiebeln
2 kleine Stangen Porree (Lauch)
80 g magerer durchwachsener Speck
6 EL Butterschmalz
4 Rinderrouladen (à 150 g)
Salz, Pfeffer
1 EL scharfer Senf
1 EL Mehl
1 EL Tomatenmark
500 ml Fleischbrühe
125 g saure Sahne
1 kg Rotkohl, 2 Äpfel
250 ml Johannisbeersaft
5 EL Rotweinessig
2 Gewürznelken

1. 2 Zwiebeln schälen und hacken. Porree putzen und in feine Streifen schneiden. Speck fein würfeln. Speck und Zwiebeln in 1 EL Butterschmalz anbraten, Porreestreifen zufügen und kurz mitdünsten. Fleischscheiben nebeneinander legen, mit Salz und Pfeffer würzen, mit Senf einstreichen. Zwiebel-Mischung darauf verteilen. Fleisch fest aufrollen und mit Küchengarn zusammenbinden.
2. 3 EL Schmalz in einem Schmortopf erhitzen. Rouladen darin rundum kräftig anbraten, herausnehmen. Mehl und Tomatenmark einrühren, anschwitzen lassen, dann mit Brühe ablöschen. Rouladen zufügen und ca. 45 Minuten schmoren lassen. Zum Schluss saure Sahne in die nicht mehr kochende Flüssigkeit rühren und erwärmen. Sauce mit Salz und Pfeffer abschmecken.
3. Rotkohl putzen und in Streifen schneiden. Restliche Zwiebeln schälen und hacken, beides im restlichen heißen Butterschmalz anbraten. Äpfel schälen, entkernen, klein schneiden und zum Kohl geben. Mit Saft und Essig ablöschen, Nelken zufügen. Alles salzen, pfeffern und 45 Minuten schmoren lassen. Rotkohl zu den Rouladen servieren.

TIPP Statt mit Küchengarn können Sie die Rouladen auch mit speziellen Klammern, die es in jedem Haushaltsgeschäft zu kaufen gibt, in Form halten.

Von der pikanten Rolle

Rinderrouladen sind in Hamburg auch unter dem Namen Rollfleisch bekannt und kamen und kommen in Norddeutschland fast immer in Kombination mit Rotkohl auf den Tisch. Diese leckere Fleischrolle war schon immer ein beliebtes Sonntagsessen, denn sowohl die Rouladen als auch der Kohl lassen sich gut vorbereiten. Das Wort Roulade stammt übrigens aus dem Französischen (rouler = rollen) und bedeutet in der Kochkunst eine Speise aus Fleisch, Geflügel oder Fisch, die mit Gewürzen und Kräutern bestreut, fest zusammengerollt und dann geschmort oder in einer gewürzten Brühe weich gedämpft wird.

Risi-Pisi zu Hähnchenbrust
Reisgericht aus Norditalien

♦♦♦♦ • *Zubereitungszeit ca. 45 Minuten*
Pro Person ca. 760 Kalorien • 3190 Joule

1 Zwiebel

150 g Langkornreis

5 EL Öl

300 ml Gemüsebrühe

150 g Erbsen

2 Tomaten

640 g Hähnchenbrustfilet

Salz, Pfeffer

Paprikapulver edelsüß

2–3 EL Mehl, 2–3 TL Curry

1 Glas (380 g) Odenwald Pfirsichkompott

250 g Schlagsahne

1–2 EL Sweet Chilisauce

1. Zwiebel schälen, hacken und zusammen mit dem Reis in 2 EL Öl glasig dünsten. Kochende Brühe und Erbsen einrühren und bei geschlossenem Deckel und schwacher Hitze ausquellen lassen. Tomaten kreuzweise einschneiden, überbrühen, kalt abschrecken, häuten, vierteln, entkernen, würfeln, unter das fertige Risi-Pisi ziehen.

2. In der Zwischenzeit Hähnchenfleisch waschen, trockentupfen und in Streifen schneiden. Fleisch mit Salz, Pfeffer und Paprika würzen und im Mehl wenden. Restliches Öl erhitzen und die Fleischstreifen darin rundum goldbraun braten, zum Schluss mit 2 TL Curry bestäuben, herausnehmen.

3. Pfirsichkompott, Sahne und Chilisauce ins Bratfett geben, aufkochen und die Flüssigkeit etwas reduzieren lassen. Sauce mit Salz, Pfeffer und Curry abschmecken.

4. Risi-Pisi auf Teller verteilen. In die Mitte eine Mulde drücken, Hähnchen und Sauce darin anrichten. Nach Belieben mit einer halbierten Erdbeere verzieren.

TIPP Wenn es einmal schnell gehen soll, bereiten Sie Risi-Pisi und Pfirsichsauce schon am Vortag zu. Beides können Sie abgedeckt in den Kühlschrank stellen und am nächsten Tag in der Mikrowelle erwärmen. Die Hähnchenstreifen sind in der Zwischenzeit fix gebraten.

Traditionelle Dogen-Mahlzeit

In der fruchtbaren Po-Ebene wird seit dem 15. Jahrhundert Reis angebaut. Schnell haben sich die kleinen Körner sowohl in den venezianischen Haushalten als auch in der Politik einen festen Platz erobert. Am Markustag (25.4.) verspeiste der mächtige Doge von Venedig in einer rituellen Handlung Reis mit jungen Erbsen, was dem berühmten Reisgericht seinen Namen gab. Heute wird Risi-Pisi oft als Beilage zu einem Fleischgericht serviert.

Roastbeef mit Beilagen
Edles aus England

Für den Braten:

1,2 kg Roastbeef

Salz, Pfeffer, 2 EL Butterschmalz

Für die Beilagen:

1 Bund Thymian

200 g magerer durchwachsener Speck

2 Zwiebeln, 4 EL Butterschmalz

2 EL Tomatenmark

400 ml Rinderfond

1 kleine Dose (425 ml) Tomaten in Stücken

1 Lorbeerblatt

Salz, Pfeffer, 4 Eier

100 g geriebener Allgäuer Bergkäse

1 EL Mehl

800 g Zucchini

👤👤👤👤👤👤 • Zubereitungszeit ca. 70 Minuten
Pro Person ca. 820 Kalorien • 3440 Joule

1. Roastbeef mit Salz und Pfeffer würzen und im heißen Butterschmalz rundum kräftig anbraten. Anschließend auf den Bratrost über die Fettpfanne legen und im vorgeheizten Backofen (E-Herd: 200 °C/ Gasherd: Stufe 3) 40 Minuten braten. Danach in Alufolie einschlagen und im ausgeschalteten Ofen noch 20 Minuten ruhen lassen, dabei mehrmals wenden.

2. Für die Beilagen Thymian waschen, trockenschütteln und die Blättchen abzupfen. Speck in dünne Streifen schneiden, Zwiebeln schälen und fein würfeln. Beides in 1 EL heißem Butterschmalz anbraten. Tomatenmark einrühren, anschwitzen, mit Rinderfond ablöschen. Dosentomaten, Thymian und Lorbeerblatt einrühren, mit Salz und Pfeffer würzen. 20 Minuten köcheln lassen.

3. Eier, Käse und Mehl verquirlen, mit Salz und Pfeffer würzen. Ausbackteig 20 Minuten ausquellen lassen.

4. Zucchini putzen und in 1 cm dicke Scheiben schneiden. Zucchinischeiben durch den Ausbackteig ziehen, etwas abstreifen und im restlichen heißen Butterschmalz goldgelb braten. Roastbeef aufschneiden, mit Zucchinischeiben und Tomatensauce servieren.

TIPP Butterschmalz ist das reine Butterfett ohne Wasser und Eiweiß. Deshalb kann es im Gegensatz zur Butter hoch erhitzt werden, ohne zu verbrennen, besitzt aber trotzdem wie sie das Butteraroma.

Die Majestät der englischen Speisen

Roastbeef ist nicht nur einfach ein Stück Fleisch. Jahrhundertelang war es ein Symbol von Unabhängigkeit, Stärke und Wohlstand der englischen Nation. In einem alten Lied kommt dies deutlich zum Ausdruck. Die ersten Zeilen lauten übersetzt: „Als das mächtige Roastbeef des Engländers Nahrung war, adelte es unsere Gehirne und bereicherte unser Blut. Unsere Soldaten waren mutig und unsere Höflinge gut." (Refrain): „Oh, das Roastbeef des alten Englands und das alte englische Roastbeef." Kein Wunder, dass bei dieser Ehrerbietung die Ankunft des Roastbeefs im königlichen Bankettsaal mit Fanfaren angekündigt wurde.

Rote Grütze

Fruchtiges aus Deutschland

👤👤👤 • Zubereitungszeit ca. 50 Minuten (ohne Wartezeit)
Pro Person ca. 410 Kalorien • 1720 Joule

Für die Grütze:

300 g gemischte Beeren

100 g Sauerkirschen

125 ml Weißwein

85 g Zucker

Saft von 1 Zitrone

1 Stück unbeh. Zitronenschale

50 g Sago

4 cl Himbeergeist

Für die Vanillesauce:

15 g Speisestärke

300 ml Milch, 40 g Zucker

1 Vanilleschote

1 Eigelb

100 g Schlagsahne

1. Früchte waschen und abtropfen lassen. Johannisbeeren von den Rispen streifen, Erdbeeren halbieren. Kirschen entsteinen. Früchte, bis auf die Erdbeeren, 125 ml Wasser, Wein, Zucker, Zitronensaft und -schale in einen Topf geben und aufkochen lassen. Dann die Erdbeeren unterrühren. Früchte in ein Sieb gießen, den Saft in einem Topf auffangen. Sago in die Flüssigkeit rühren und alles 15–20 Minuten köcheln lassen. Zum Schluss Früchte und Himbeergeist zufügen. Rote Grütze in Schälchen füllen und einige Stunden, am besten über Nacht, fest werden lassen.
2. Für die Vanillesauce Speisestärke mit wenig Milch in einem Topf glatt rühren, restliche Milch, Zucker und aufgeschlitzte Vanilleschote zufügen. Alles zum Kochen bringen, 3 Minuten köcheln lassen, vom Herd ziehen, etwas abkühlen lassen, dann das Eigelb unterziehen.
3. Wenn die Vanillesauce abgekühlt ist, Sahne cremig, aber nicht steif schlagen und unterrühren. Zur roten Grütze servieren.

TIPP

Zitronen geben mehr Saft, wenn Sie sie vor dem Auspressen mit der Hand auf dem Tisch kräftig hin und her rollen. Andere Möglichkeiten: Sie legen die Frucht kurz in die Mikrowelle, in den warmen Backofen oder in heißes Wasser.

Rote Grütze ohne Grütze

Grütze war jahrhundertelang eines der Hauptnahrungsmittel der bäuerlichen Bevölkerung. Damals wurde Getreideschrot, das auf jedem Hof in Form von Buchweizen-, Gersten-, Hafer- oder Weizengrütze vorhanden war, zu Brei gekocht. Als Flüssigkeit nahm die Bäuerin Wasser, Brühe oder Milch. Wenn im Sommer die Beeren reiften, wurde die Grütze mit ihnen fruchtig angereichert. Weitere Verfeinerung erfuhr die Grütze, als im 16. Jahrhundert der Zucker in der nordischen Küche Einzug hielt. Im Laufe der Jahrhunderte ließ die Hausfrau dann das grob geschrotete Getreide weg und dickte den gekochten Fruchtbrei mit feinem Mehl oder mit Sago an. Die heutige Form der roten Grütze war entstanden.

Salat Tête de Moine
Edler Salat aus der Schweiz

200 g Tête de Moine

1 Friséesalat

250 g braune Champignons

1–2 EL Zitronensaft

1 Schalotte

1 Knoblauchzehe

1/2 Bund Petersilie

1 Stiel Dill

1 TL Senf

Salz, Pfeffer

3 EL Rotweinessig

6 EL Olivenöl

🧍🧍🧍 • Zubereitungszeit ca. 40 Minuten
Pro Person ca. 340 Kalorien • 1430 Joule

1. Tête de Moine auf einer Girolle (spezielles Gerät, mit dem man den Käse schabt) zu Röschen drehen. Salat putzen, waschen, trockenschütteln und in mundgerechte Stücke zupfen. Champignons putzen, in Scheiben schneiden und mit Zitronensaft beträufeln.
2. Schalotte und Knoblauch schälen und fein hacken. Kräuter waschen, trockenschütteln und ebenfalls hacken. Alles mit Senf, Salz, Pfeffer und Essig verrühren. Zum Schluss das Öl kräftig unterschlagen.
3. Käse, Salat und Pilze locker mischen und auf Teller verteilen, Dressing darüber träufeln.

TIPP Um diesen Salat auf echt Schweizer Art zu genießen, brauchen Sie keine Girolle. In guten Käsetheken gibt es Tête de Moine frisch geschabt zu kaufen.

Tête de Moine – ein gesegneter Käse

Der Tête de Moine, zu Deutsch Mönchskopf, wurde ursprünglich im Kloster zu Bellelay hergestellt und hieß deshalb anfangs auch „Bellelay-Käse". Neben den Herstellungsregeln ist auch die Art, wie der Tête de Moine gegessen wird, überliefert worden: Der Bellelay-Käse wird nicht in Stücke geschnitten, sondern, nachdem oben ein Deckel abgeschnitten wurde, mit einem Messer geschabt, damit sich sein Milch- und Blumenaroma vollständig entfalten kann. Der Fabel nach ist diese Art des Genießens von einem besonders feinschmeckerischen Mönch erfunden worden: Da letzterer der Lust, einen so köstlichen Käse zu genießen, nicht widerstehen konnte, kam er auf die Idee, der begehrten Speise oben einen Deckel abzuschneiden, vom feinen Käse zu naschen und – ohne dass jemand etwas davon merkte – den Deckel wieder aufzusetzen. Der Trick wurde entdeckt, doch da sein Kunstgriff das Käsearoma so besonders gut zur Entfaltung brachte, wurde dem Klosterbruder trotz des Verstoßes die Absolution erteilt.

Saltimbocca
Schnitzel auf italienisch

👤👤👤👤 • *Zubereitungszeit ca. 20 Minuten*
Pro Person ca. 270 Kalorien • 1130 Joule

8 dünn geschnittene
Kalbsschnitzel (à 60 g)

Salz, Pfeffer

8 Scheiben Parmaschinken

16 möglichst große Salbeiblätter

3 EL Mazola Keimöl

3 EL Marsala
(süßer Dessertwein)

1–2 EL Knorr Delikatess
Bratensauce

1. Kalbsschnitzel leicht flach klopfen, salzen und pfeffern. Je eine Scheibe Schinken und zwei Salbeiblätter mit Holzspießchen auf jedem Schnitzel feststecken.

2. Öl in einer Pfanne erhitzen. Saltimbocca darin unter Wenden 3–4 Minuten goldbraun braten. Saltimbocca aus der Pfanne nehmen und warm halten.

3. Bratfett mit Marsala und 200 ml Wasser ablöschen. Flüssigkeit aufkochen und die Bratensauce einrühren. Sauce zum Fleisch servieren.

TIPP Als Beilage zum Saltimbocca passen Bandnudeln oder ein Risotto. Als Getränk empfiehlt sich ein trockener Rotwein, z. B. ein Merlot.

Der Spring-ins-Feld vom Essteller

Saltimbocca heißt so viel wie „Spring in den Mund," und tatsächlich sind die kleinen, dünn geschnittenen Kalbfleischscheiben so lecker, dass man sich gern einen Happen in den Mund springen lässt. Typisch für die italienische Küche sind die eher kleinen Portionen. Denn in Italien beginnt die Mahlzeit meist mit einem Pastagericht, das schon für eine Vorsättigung sorgt. Der anschließende Fleischgang darf deshalb nicht zu massiv ausfallen – aber delikat muss er sein.

Sbrinzrisotto
Cremiges aus der Schweiz

1 Zwiebel

3 EL Olivenöl

400 g Risottoreis

200 ml Weißwein

2 Briefchen Safran

1 l Geflügelbrühe

130 g Sbrinz Switzerland

60 g Butter

† † † • Zubereitungszeit ca. 45 Minuten
Pro Person ca. 700 Kalorien • 2940 Joule

1. Zwiebel schälen, fein hacken und im heißen Öl glasig dünsten. Reis zufügen und ebenfalls unter Rühren glasig dünsten. Mit Weißwein ablöschen. Safranfäden zufügen und darin auflösen.
2. Reis unter häufigem Rühren ca. 20 Minuten köcheln lassen, dabei nach und nach die heiße Brühe angießen.
3. Sbrinz fein hobeln. Kurz vor Ende der Garzeit 80 g Sbrinz und die Butter unter das Risotto mischen. Risotto auf Teller verteilen, mit restlichem Sbrinz bestreuen. Nach Belieben mit Basilikumblättchen garnieren.

Warum Sbrinz nach dem König der Erdmännle benannt ist

Auch in den abgeschiedensten Winkeln der Zentralschweiz lässt sich kein Fleck ausmachen, der Sbrinz heißt. Dieser Schweizer Käse soll auch auf ganz besondere Art und Weise zu seinem Namen gekommen sein. Vor über 500 Jahren, als in der Eidgenossenschaft die Herstellung von hartem Käse schon gang und gäbe war, entwickelte sich ein reger Käsetransport über die Alpenpässe. Der florierende Käsehandel brachte Wohlstand in manches Tal, bis plötzlich ein Fluch auf dem Käsehandwerk zu lasten schien. Anhaltende Wetterunbillen machten aus kräuterreichen Alpenwiesen öde Steppen, brachten Tieren und Menschen den Tod. Was war geschehen? Ein Zwölfjähriger konnte es erklären und Rat geben. Denn ihm waren die Erdmännle, jene kleinen Wesen, die nach altem Glauben über die sorgfältige Verarbeitung der Milch wachen, erschienen. Die kleinen Wichte verkündeten dem Jungen, dass sie überhaupt nicht zufrieden mit den Menschen seien. Denn sie vergeudeten die Milch und seien geizig, wenn es um den Anteil der Milch für die Erdleute ginge. Darum habe Sbrinz, der mächtigste aller Berggeister, Unwetter, Dürre und Hochwasser über das Land kommen lassen. Die Schilderung des Knaben löste große Betroffenheit aus. Die Älpler wurden sich der eigenen Schuld bewusst und die Senner beschlossen, zukünftig den Käse nach einheitlichen Verfahren aus bester Rohmilch herzustellen und für die Erdmännle wieder allabendlich eine Schale Milch vor die Tür zu stellen. Im Andenken an die Mahnung der Erdmännle nannten die Schweizer ihren Käse fortan Sbrinz.

Schinken mit Spargel
Edles aus Deutschland

2 kg weißer Spargel

2 EL Butter, 1 Prise Zucker

250 g Cocktailtomaten

1 Dose (425 ml) Artischockenböden

1/2 Bund Thymian

1/2 Bund Basilikum

1 Bund glatte Petersilie

2 Zwiebeln

8 EL Aceto balsamico bianco

Salz, Pfeffer

8 EL kaltgepresstes Rapsöl

400 g Katenschinken
von Abraham

👤👤👤 • Zubereitungszeit ca. 1 Stunde
Pro Person ca. 560 Kalorien • 2350 Joule

1. Spargel waschen, schälen und die unteren holzigen Enden abschneiden. In kochendem Salzwasser mit Butter und Zucker 15–20 Minuten garen.
2. Für die Vinaigrette Tomaten waschen und vierteln. Artischockenböden abtropfen lassen und würfeln. Kräuter waschen, trockenschütteln und hacken. Zwiebeln schälen und fein würfeln. Essig mit Salz und Pfeffer verrühren, Öl kräftig unterschlagen, Kräuter und Zwiebel unterheben. Alles mit Tomaten und Artischocken mischen. Spargel auf Teller verteilen und mit der Vinaigrette beträufeln. Schinken daneben anrichten. Dazu schmecken Pellkartoffeln.

TIPP Wollen Sie mehrere Freunde zu einem ausgiebigen Spargelessen einladen? Dann reicht das Fassungsvermögen des Spargeltopfes meist nicht aus. Sie können größere Spargelmengen allerdings problemlos im Backofen garen. Etwa drei Kilo geschälten Spargel in die Fettpfanne des Ofens legen, 1/2 Liter Salzwasser, 1/2 Teelöffel Zucker, etwas Zitronensaft und zwei Esslöffel Butter in Flöckchen dazugeben. Mit Alufolie abdecken. Im heißen Backofen (E-Herd: 200 °C/Gasherd: Stufe 3) etwa 30 Minuten garen.

Frühlingsgenüsse

Salzen und Pökeln von rohem Fleisch zählen zu den ältesten Verfahren der Lebensmittelkonservierung. Sie wurden bereits in frühgeschichtlicher Zeit angewendet (China 2200 v. Chr., Ägypten 1500 v. Chr.). Auch in Norddeutschland, wo der Katenschinken zu Hause ist, ist dieses Verfahren seit Jahrhunderten bekannt. Wenn früher im Herbst die Schweine geschlachtet wurden, kam der gepökelte Schinken an die Katendecke (Kate = einfache Bauernhütte aus Holz oder Stein), um dort im aufsteigenden Rauch der Feuerstelle zu konservieren. Er war im Frühjahr, wenn das erste Gemüse im Garten reifte, das letzte, was vom Schwein noch übrig war. So entstand vielerorts die Kombination von Schinken, Spargel und neuen Kartoffeln.

Schleizer Bamser

Süße „Bratkartoffeln" aus Deutschland

750 g Kartoffeln

750 g mürbe Äpfel

2 Eiweiß

2 Eier

120 g Zucker

1 Prise Salz

150–200 g Mehl

50 g Butterschmalz

80 g Butter

1/2 TL Zimt

🧍🧍🧍 • Zubereitungszeit ca. 1 1/4 Stunden
Pro Person ca. 780 Kalorien • 3280 Joule

1. Kartoffeln in der Schale kochen, abgießen, abschrecken, pellen und abkühlen lassen.

2. Äpfel schälen, entkernen und raspeln. Kartoffeln durch eine Kartoffelpresse drücken. Eiweiß steif schlagen. Kartoffeln, Äpfel, Eier, Eischnee, 100 g Zucker und Salz verrühren, so viel Mehl unterarbeiten, dass die Masse gut zusammenhält.

3. Aus der Kartoffelmasse 5–6 cm lange Nudeln formen. Butterschmalz in einer Pfanne erhitzen und die Bamser darin braten. Butter zerlassen, über die Bamser träufeln und kurz im heißen Backofen überbacken. Restlichen Zucker und Zimt mischen und über die fertigen Bamser streuen.

TIPP Für diese Zubereitungsart sind besonders mürbe Äpfel gut geeignet, denn sie besitzen eine gute Bindungsfähigkeit. Wählen Sie für dieses Rezept am besten Boskop, Elstar oder James Grieve.

Süße Klöße aus Thüringen

Die Mietverträge der Knechte und Mägde in der Gegend um Schleiz enthielten einst fest zugesicherte „Kloßtage". Ob damit nun immer die „echten" pikanten Thüringer Klöße gemeint waren, oder Mägde und Knechte vielleicht auch die süßen Schleizer Bamser gelten ließen, ist ungewiss. Sicher haben sie aber auch mal die süße Kloßspezialität vorgesetzt bekommen und gern gegessen.

Schnitzel Holstein
Schlemmerschnitzel aus Deutschland

🧍🧍🧍🧍 • Zubereitungszeit ca. 15 Minuten
Pro Person ca. 410 Kalorien • 1720 Joule

4 Kalbsschnitzel (à 150 g)

Salz, Pfeffer

50 g Butterschmalz

2 Tomaten

2 Scheiben Edamerkäse

1/2 Bund Schnittlauch

4 Eier

1. Schnitzel mit Salz und Pfeffer würzen und 3 Minuten in 30 g heißem Butterschmalz von beiden Seiten braten.

2. Tomaten waschen und in Scheiben, Käse in Streifen schneiden. Schnittlauch waschen, trockenschütteln und in kleine Röllchen schneiden.

3. Eier im restlichen Butterschmalz zu Spiegeleiern braten, mit Salz bestreuen. Kalbsschnitzel mit Tomatenscheiben und Käsestreifen belegen. Kurz unter den heißen Grill schieben, bis der Käse weich wird. Dann das Spiegelei darauf geben und dieses mit Schnittlauch bestreuen.

TIPP Besonders dekorativ sehen Spiegeleier aus, wenn sich das Eiweiß schön rund um das Eigelb legt. Das gelingt Ihnen, wenn sie kleine Bratringe oder Ausstechringe in die Pfanne setzen und dahinein das Ei schlagen. Die Brathilfen gibt es auch in Herzform.

Die schnelle Schnitte Fleisch

Das Schlemmerschnitzel wurde nicht in Schleswig-Holstein, sondern in Berlin „erfunden". Dort kehrte der Geheimrat Friedrich von Holstein (1837-1909) , der als „Graue Eminenz" Bismarcks in die Geschichte einging, im Restaurant Borchadt ein. Angeblich soll der hohe Herr immer in Eile gewesen sein und sein Essen mit den Worten „Vorspeise und mein Schnitzel schnell, schnell" bestellt haben. Der Küchenchef richtete sich darauf ein und servierte die Vorspeise (Spiegelei) auf dem Fleisch. Die damals häufig dazu servierten Sardellenfilets und Kapern wurden in unserem Rezept gegen würzige Käsestreifen und Schnittlauchröllchen ersetzt.

Schupfnudeln
Aus der deutschen Bauernküche

1 kg vorwiegend festkochende Kartoffeln (z. B. Gloria oder Hansa)

60 g Mehl

40 g Speisestärke

Salz, Pfeffer

abgeriebene Muskatnuss

1 Bund Petersilie

2 Stiele Majoran

100 g Butterschmalz

Mehl zum Formen

🧍🧍🧍🧍 • Zubereitungszeit ca. 1 Stunde (ohne Wartezeit)
Pro Person ca. 500 Kalorien • 2100 Joule

1. Kartoffeln in der Schale kochen, abgießen, kalt abschrecken, pellen und zweimal durch eine Kartoffelpresse drücken. Kalte Kartoffelmasse mit Mehl und Speisestärke vermengen, mit Salz, Pfeffer und Muskat würzen.

2. Den Teig auf bemehlter Arbeitsfläche zu einer 2 cm dicken Rolle formen und in 1 cm dicke Scheiben schneiden. Die Scheiben zu fingerdicken Röllchen formen, dann portionsweise in reichlich kochendes Salzwasser geben. Nudeln bei mittlerer Hitze garen, bis sie an der Oberfläche schwimmen. Mit einem Schaumlöffel herausheben und auf Küchenpapier abtropfen lassen. Ca. 2 Stunden trocknen lassen.

3. Kräuter waschen, trockenschütteln und hacken. Butterschmalz in einer Pfanne erhitzen und die Schupfnudeln darin rundum goldgelb braten. Zum Schluss Kräuter untermischen. Dazu passt ein frischer, gemischter Blattsalat.

TIPP Salz ist hygroskopisch, das heißt, es zieht Wasser an. Deshalb verklumpt es häufiger. Geben Sie, um das zu verhindern, einige Reiskörner in den Salzstreuer. Verklumptes Salz wird wieder streufähig, wenn Sie es für einige Minuten in der Mikrowelle erwärmen.

Weggestoßen, doch heiß begehrt

Schupfen bedeutet soviel wie wegstoßen. Die Schupfnudeln wurden nach der typischen Bewegung, mit der sie hergestellt werden – sie werden auf dem Backbrett mit der flachen Hand weggerollt, weggestoßen – benannt. Dieses bäuerliche Gericht stand schon im 18. Jahrhundert auf dem Speiseplan, wie es eine damalige Gesindeordnung verzeichnete. Zu dieser Zeit wurden die „Weggestoßenen" allerdings noch ohne Kartoffeln hergestellt.

Schwäbische Maultaschen
Traditionelles aus Deutschland

††††††† • *Zubereitungszeit ca. 2 3/4 Stunden*
Pro Person ca. 900 Kalorien • 3800 Joule

1. Mehl, Eier, Salz und 50–100 ml Wasser zu einem glatten Teig verarbeiten. Abgedeckt mindestens 2 Std. bei Zimmertemperatur ruhen lassen.

2. Brötchen in Wasser einweichen. Spinat waschen, putzen, tropfnass in einen Topf geben und abgedeckt zusammenfallen lassen. Zwiebeln schälen, fein hacken und im Schmalz dünsten. Brötchen ausdrücken, mit Hackfleisch, Eiern, ausgedrücktem Spinat und Zwiebeln verkneten. Mit Salz, Pfeffer, Muskatnuss und Kräutern abschmecken.

3. Nudelteig dünn ausrollen und rund ausstechen. Ränder mit etwas Wasser befeuchten, in die Mitte je etwas Hackmasse geben. Teig zusammenklappen, dabei die Ränder fest zusammendrücken. Maultaschen in siedendes Salzwasser legen. So lange ziehen lassen, bis sie nach oben steigen, dann aus dem Wasser heben und abtropfen lassen.

4. Zwiebeln schälen, in dünne Ringe schneiden und in der Butter goldbraun braten. Zwiebelringe über die Maultaschen verteilen. Evtl. mit Petersilienblättchen garnieren.

Für den Teig:
700 g Mehl, 5 Eier, Salz

Für die Füllung:
4 Brötchen
300 g Spinat
175 g Zwiebeln
50 g Schmalz
1 kg gemischtes Hackfleisch
3 Eier
Salz, Pfeffer
abgeriebene Muskatnuss
je 1 Prise gemahlener, getrockneter Thymian und Majoran

Außerdem:
150 g Zwiebeln
50 g Butter

TIPP

Um Hackmasse aufzulockern, wird unter den Teig oft ein eingeweichtes Brötchen geknetet. Dies muss vorher allerdings gut ausgedrückt werden. Die bloßen Hände sind dazu nicht so gut geeignet, denn der Teig quillt leicht zwischen den Fingern nach außen. Besser geht's, wenn Sie das Brötchen zwischen zwei kleine Küchenbrettchen legen und diese fest gegeneinander pressen.

Dem Erfindungsreichtum der Mönche sei Dank

Füllungen für Maultaschen gibt es viele, Entstehungsgeschichte nur eine: Die Mönche des Klosters Maulbronn gelangten in den Hungerjahren des Dreißigjährigen Krieges ausgerechnet in der Fastenzeit an ein größeres Stück Fleisch. Als die Klosterbrüder beratschlagten, was mit dem Fleisch geschehen sollte, meinte einer von ihnen, dass es sicher nicht recht sei, dieses Gottesgeschenk zurückzuweisen. Aber um das Fastengebot nicht zu brechen, mischten sie das Fleisch mit allerlei Grünzeug und versteckten es in einer Tasche aus Teig – in der Hoffnung, der liebe Gott möge in diesem Fall nicht den rechten Durchblick haben.

Smörrebröd
Üppige Happen aus Dänemark

Rinderbrust mit Meerrettichstreifen:

2 Scheiben Vollkornbrot

20 g Butter, 4 Blätter Endiviensalat

1 EL Sahnemeerrettich

200 g gepökelter gekochter Rinderbrust-Aufschnitt

8 Cornichons

1/2 kleine rote Paprikaschote

1 Stück frischer Meerrettich

Kasseler mit Gemüsesalat:

2 Scheiben Vollkornbrot

20 g Butter, 4 Blätter Lollo rosso

160 g mit Mayonnaise angemachter Gemüsesalat

120 g Kasseleraufschnitt

Brunnenkresse zum Garnieren

♟♟♟♟♟ • Zubereitungszeit ca. 15 Minuten
Pro Person ca. 520 Kalorien • 2180 Joule

1. Für Rinder-Smörrebröd Vollkornbrote mit Butter bestreichen und halbieren. Jede Hälfte mit je einem Salatblatt belegen. Erst den Sahnemeerrettich, dann die Rinderbrustscheiben darauf geben. Cornichons in Stifte schneiden. Paprika putzen und fein würfeln. Meerrettich schälen, mit einem Sparschäler dünne Locken abschneiden und über die Brote verteilen.

2. Für die Kasseler-Smörrebröd Vollkornbrote mit Butter bestreichen und halbieren. Jede Hälfte mit je einem Salatblatt belegen. Erst den Gemüsesalat, dann die Kasselerscheiben darauf verteilen. Brote mit Brunnenkresse garnieren.

TIPP Kopfsalat hält sich in einer luftdicht schließenden Plastikschüssel im Kühlschrank drei bis vier Tage frisch. Sie können den Salat aber auch nass in ein Handtuch wickeln und im Gemüsefach des Kühlschranks aufbewahren.

Butterstulle des Nordens

Was in anderen Ländern ein schlichtes Butterbrot ist, haben die Dänen zu einer Kunst von höchstem Niveau entwickelt: dem Smörrebröd. In Dänemark heißt es et stykke mad (ein Stück Essen), gemeint ist eine Scheibe Brot, meist Roggenbrot, mit Butter oder Schmalz bestrichen und beliebig belegt. Eine Brotscheibe, auf der sich viele verschiedene Leckereien türmen, heißt „opulent"und wird von den so genannten „Smörrebröd-Jungfern", die eine besondere Ausbildung besitzen, zubereitet. Das opulente Smörrebröd wurde im Ersten Weltkrieg erfunden, als es darauf ankam, die sparsame Auswahl des Belags optisch aufzuwerten und den Eindruck eines gewissen Wohlstands zu erwecken.

Soljanka
Russlands Nationalsuppe

300 ml Kalbfleischfond

500 g Kalbsbrust

4 Frankfurter Würstchen (200 g)

1 Salzgurke

2 Zwiebeln

2 TL Fuchs Paprika Würzpaste

2 EL Butter

12 schwarze Oliven

1/2 TL Fuchs Liebstöckel Gewürzsalz

1 unbehandelte Zitrone

150 g saure Sahne

2 TL Fuchs Petersilie gerebelt

♦♦♦ • Zubereitungszeit ca. 1 3/4 Stunden
Pro Person ca. 420 Kalorien • 1760 Joule

1. Kalbfleischfond und 1 Liter Wasser in einen Topf gießen. Fleisch in die Flüssigkeit geben und darin ca. 1 1/2 Stunden garen. Anschließend herausnehmen und in grobe Würfel schneiden. Brühe durch ein Sieb gießen.

2. Würstchen und Gurke in Scheiben schneiden. Zwiebeln schälen, fein hacken und zusammen mit der Würzpaste und den Gurkenscheiben in der Butter glasig dünsten, mit Brühe ablöschen. Fleisch, Würstchen und Oliven zufügen und alles 15 Minuten garen. Suppe mit Gewürzsalz abschmecken.

3. Zitrone waschen und in Scheiben schneiden. Soljanka auf Teller verteilen, je einen Klecks saure Sahne darauf verteilen, mit Petersilie bestreuen und halben Zitronenscheiben garnieren.

TIPP Bewahren Sie Zitronen niemals im Kühlschrank auf. Sie bekommen dort einen bitteren Geschmack. Am wohlsten fühlen sich die Zitrusfrüchte bei 8–10 °C.

Aus dem Suppenkessel eines Dorffestes

In ganz Osteuropa wird die deftige Suppe gekocht. Ihr Name verrät, wie sie einst entstanden ist: „Soljanka" bedeutet „durcheinander" – weil beim dörflichen Fest jeder etwas für den Suppentopf mitbrachte. Ursprünglich war Fisch der Hauptbestandteil einer Soljanka. Inzwischen gibt es aber auch zahlreiche Varianten mit Fleischeinlage.

Spagetti alla bolognese
Typisches aus Italien

👤👤👤 • Zubereitungszeit ca. 30 Minuten
Pro Person ca. 810 Kalorien • 3400 Joule

1 Zwiebel

1 Knoblauchzehe

1 Möhre

125 g Knollensellerie

1 EL Mazola Keimöl

400 g Hackfleisch

2 Packungen (à 370 ml) Knorr Tomato al Gusto "Kräuter"

Salz, Pfeffer

1/2 Bund Petersilie

500 g Spagetti

1. Zwiebel, Knoblauch, Möhre und Sellerie schälen und fein würfeln. Öl in einer Pfanne erhitzen, Gemüse darin andünsten. Hackfleisch zufügen, mit dem Pfannenwender etwas zerkleinern und mitschmoren.
2. Tomato al Gusto einrühren und alles 5 Minuten köcheln lassen. Mit Salz und Pfeffer abschmecken. Petersilie waschen, trockenschütteln und hacken.
3. In der Zwischenzeit Spagetti in kochendem Salzwasser bissfest garen und durch ein Sieb abgießen. Spagetti mit Sauce alla bolognese auf Tellern anrichten und mit Petersilie bestreuen.

TIPP Der Schreck nach dem Abgießen: Alle Nudeln kleben aneinander. Nicht verzagen, geben Sie die Teigwaren einfach in ein Sieb und halten dieses über heißen Wasserdampf. Anschließend abtropfen lasssen und die Nudeln vorsichtig in etwas geschmolzener Butter oder erhitztem Öl schwenken.

Köstliche Bindfäden

Das Ursprungsland der Pasta ist umstritten. Einige Schriften besagen, dass schon die Chinesen lange vor den Italienern Nudeln kannten. Der Siegeszug der Pasta startete aber eindeutig im 15. Jahrhundert in Süditalien. Von dort begann sich der Hartweizen auszubreiten. Diese Getreidesorte lässt den Teig ohne jegliches andere Bindemittel zusammenhalten und gewährt außerdem die Festigkeit beim Kochen, den sogenannten Biss. Als im 18. Jahrhundert ein durchlöchertes Eisen, die trafila, aufkam, durch das der Teig zu langen Fäden gedrückt wurde, eroberten die Spagetti das ganze Land. Aber erst 100 Jahre später setzte sich der Name, der von „spago", Bindfaden, abgeleitet ist, durch.

Steak and Kidney Pie
Pikantes aus England

♀♀♀♀ • Zubereitungszeit ca. 1 1/2 Stunden
Pro Person ca. 790 Kalorien • 3320 Joule

250 g Rindernieren

500 g Rumpsteak

1 Zwiebel

250 g Champignons

1–2 EL Mehl

2–3 EL Mazola Keimöl

100 ml trockener Rotwein

1 Beutel Knorr Fix für Gulasch

2 EL Worcestersauce

Salz, Pfeffer

1 Packung (450 g) TK-Blätterteig

1 Eigelb

1. Nieren wässern. Anschließend putzen, trocken-tupfen und würfeln, Rumpsteak ebenfalls würfeln. Zwiebel schälen und hacken. Pilze putzen und in Scheiben schneiden.

2. Fleisch und Nieren salzen, pfeffern und mit Mehl bestäuben. Portionsweise im heißen Öl anbraten, herausnehmen. Zwiebel und Pilze im Bratfett dünsten. 200 ml Wasser und Rotwein angießen, Fix für Gulasch einrühren und aufkochen, Fleisch zufügen und ca. 10 Minuten garen. Mit Worcestersauce, Salz und Pfeffer abschmecken.

3. Blätterteig auftauen lassen. Eine ovale Auflaufform mit Wasser ausspülen. Die Hälfte des Blätterteigs etwas größer als die Form ausrollen und die Form damit auslegen. Fleischfüllung in der Form verteilen. Für den Deckel den restlichen Teig ausrollen und zwei Löcher mit einem Ausstecher herausstechen. Deckel auf die Füllung legen. Die Ränder mit einer Gabel festdrücken. Aus den Teigresten beliebige Formen ausstechen und die Pie damit verzieren. Eigelb mit 1 EL Wasser verquirlen und die Pie damit bestreichen. Im vorgeheizten Backofen (E-Herd: 200 °C/Gasherd: Stufe 3) ca. 20 Minuten goldgelb backen.

TIPP Frische Champignons, die Sie nicht sofort verbrauchen, sollten Sie in einer offenen Schale im Kühlschrank aufbewahren. So bleiben die Pilze drei bis vier Tage fest und schrumpeln nicht.

Außer-Haus-Essen aus dem 15. Jahrhundert

Steak and Kidney Pie ist wohl eines der englischsten Gerichte überhaupt. Diese Spezialität ist eine beliebte Abwandlung der heißen Pasteten, die seit dem 15. Jahrhundert in den Straßen Londons verkauft wurden. Die Füllungen haben sich im Laufe der Zeit geändert, früher, als sie noch erschwinglich waren, gab es sogar Pies mit Austern.

Sushi

Edles Fingerfood aus Japan

👤👤👤 • Zubereitungszeit ca. 1 Stunde (ohne Wartezeit)
Pro Person ca. 440 Kalorien • 1850 Joule

1. Reis in einem Sieb unter fließendem Wasser so lange waschen, bis das Wasser klar bleibt. Reis 1 Stunde ruhen lassen. Reis mit 330 ml Wasser in einen Topf geben, aufkochen und 2 Minuten ohne Deckel sprudelnd kochen lassen. Hitze reduzieren und den Deckel auflegen, wenn das Wasser nur noch sanft köchelt. Reis 15 Minuten auf dem Herd ausquellen und anschließend ohne Hitzezufuhr ziehen lassen.

2. Essig, Zucker und Salz unter Rühren erwärmen, bis die Flüssigkeit klar ist, wieder handwarm abkühlen lassen. Reis in eine weite Schüssel geben. Essigsud unterrühren.

3. Fisch in Streifen oder Quadrate schneiden. Aus je 2 EL Essigreis ein Bällchen formen. Ein Fischstück mit wenig Wasabi betupfen, dann das Reisbällchen fest darauf drücken, dabei dem Sushi eine rechteckige Form geben. Beliebig verzieren. Sushi auf einer Platte anrichten und mit Soja-Sauce zum Dippen servieren.

Für den Essigreis:

300 g Sushireis

5 EL Reis- oder Weinessig

1 EL Zucker, 4 TL Salz

Für den Belag:

100 g frischer Thunfisch

100 g frischer Seebarsch

100 g Matjesfilet

100 g Räucherlachs

frischer Ingwer, Lauchzwiebeln, Radieschen, Gurke, Schnittlauch und Zitrone zum Verzieren

etwas Wasabi

Zum Dippen:

Kikkoman Sojasauce

TIPP

Wenn sie keinen Sushireis bei Ihrem Lebensmittelhändler finden, können Sie auch Mittelkornreis kaufen. Auf keinen Fall dürfen Sie Parboiled- oder Langkornreis verwenden, denn diese Sorten kleben nicht richtig zusammen.

Sushi – die Ursprungsgeschichte

Sushi gilt als typisch japanisch. Der Ursprung lag allerdings in China. Schon im 2. Jahrhundert wurde dort Fisch in Reis haltbar gemacht. Dazu benötigte man Salz und Reis. Dabei hatten die stärkehaltigen Körner die Aufgabe, den Gärungsprozess in Gang zu bringen. Anschließend wurde nur der Fisch, nicht der Reis verzehrt. Als die Chinesen später das Problem der Nahrungsknappheit kennen lernten, ging diese Art der Konservierung zurück und damit hörten nach und nach auch Sushi in China auf zu existieren. Die Japaner, die diese Konservierungsmethode im 7. Jahrhundert übernommen hatten, mussten schon immer ihre Nahrungsquellen voll ausschöpfen. Deshalb hat man im Land der aufgehenden Sonne früh nach Möglichkeiten gesucht, Sushi (also den Fisch) so mit Reis zu verbinden, dass auch er genießbar ist.

Tafelspitz mit Apfelkren
Österreichisches Sonntagsessen

♦♦♦♦ • Zubereitungszeit ca. 2 1/2 Stunden
Pro Person ca. 350 Kalorien • 1470 Joule

1. Fleisch in 750 ml kochendes Salzwasser geben und 1 1/2 Stunden köcheln lassen.

2. Porree putzen und in Ringe schneiden. Möhren, Wurzeln und Kartoffeln schälen. Möhren und Wurzeln in Scheiben schneiden. Zwiebel schälen, mit Lorbeerblatt und Nelken spicken. Alles zum Fleisch geben und weitere 30 Minuten köcheln lassen.

3. Fleisch, Gemüse und Kartoffeln aus der Brühe heben, warm halten. Äpfel schälen, entkernen und würfeln. Tafelspitzbrühe durch ein Sieb gießen, 500 ml abmessen, Äpfel darin weich dünsten, dann mit dem Schneidstab pürieren, aufkochen und mit Mehlschwitze binden. Crème fraîche und Kren unter die Sauce rühren, mit Rindsbouillon, Zucker und Zitronensaft abschmecken. Tasfelspitz in Scheiben schneiden, mit Gemüse, Kartoffeln und Apfelkren-Sauce servieren.

750 g Tafelspitz

650 g Porree (Lauch)

500 g Möhren

300 g Petersilienwurzeln

500 g kleine Kartoffeln

1 Zwiebel

1 Lorbeerblatt, 2 Gewürznelken

2 säuerliche Äpfel

2–3 EL Mondamin klassische Mehlschwitze, hell

2 EL Crème fraîche

2 EL frisch geriebener Kren (Meerrettich)

1 TL Knorr Rindsbouillon

Salz, Zucker

1–2 TL Zitronensaft

TIPP

Frisch geschälter, geriebener Kren (Meerrettich) schmeckt und riecht so scharf, dass die Augen zu tränen beginnen. Zerkleinern Sie ihn deshalb immer am offenen Fenster oder unter der laufenden Dunstabzugshaube. Da die Schärfe schnell verfliegt, sollte der Kren immer schnell weiterverarbeitet werden.

Ein Gustostückerl für den König

In Österreich bevorzugt man seit jeher Rindfleisch. Wieviel Beachtung ihm geschenkt wurde, erkennt man daran, dass schon vor mehr als hundert Jahren die Wiener jeden Ochsen amtlich in 22 verschiedene Güteklassen einteilten. Einer der größten Liebhaber gekochten Rindfleisches soll Kaiser Franz Joseph (1830–1916) gewesen sein, kein Wunder also, dass dieses Gustostückerl aus dem Hinterviertel des Ochsen den meisten Ruhm auf sich zog. Die Zubereitungsart des Tafelspitzes setzt einen besonderen Schnitt beim Zerlegen des Rindfleisches voraus, wie er außerhalb Österreichs kaum praktiziert wird.

Tempura
Frittiertes aus Japan

3 Eigelb

100 g Mehl

1 kleine Stange Porree (Lauch)

60 g Möhre

120 g Rettich

100 g Shiitake-Pilze

1 l Frittierfett

8 Garnelenschwänze

150 g Tintenfischringe

Für den Dip:

200 ml Gemüsefond

4 EL Mirin (ersatzweise Sherry)

5 EL Kikkoman Sojasauce

👤👤👤👤 • Zubereitungszeit ca. 1 Stunde
Pro Person ca. 300 Kalorien • 1240 Joule

1. Eigelb, Mehl und 160 ml eiskaltes Wasser verrühren und 20 Minuten kalt stellen.

2. Porree putzen, Möhre und Rettich schälen, alles in mundgerechte Stücke schneiden. Pilze putzen, die harten Stiele entfernen.

3. Frittierfett auf 175 °C erhitzen. Garnelen, Tintenfische und Gemüse durch den Teig ziehen und portionsweise im heißen Fett goldgelb ausbacken. Auf Küchenpapier abtropfen lassen.

4. In der Zwischenzeit für die Sauce Gemüsefond, Mirin und Sojasauce unter Rühren erwämen. Dann auf vier Schälchen verteilen. Tempura möglichst heiß servieren und vor dem Essen in die Sauce eintauchen.

TIPP Wenn Sie keine thermostatisch geregelte Fritteuse und auch kein Fettthermometer besitzen, halten Sie einen hölzernen Kochlöffelstiel ins heiße Fett. Wenn Bläschen daran zu erkennen sind, können Sie mit dem Frittieren beginnen. Ebenfalls heiß genug ist das Fett, wenn ein Weißbrotstück in wenigen Sekunden darin bräunt.

Japanisches aus Portugal

In Fett ausgebackene Leckereien sind in der ganzen Welt beliebt. Die Technik des Tempura wurde vermutlich von Portugiesen in das Land der aufgehenden Sonne gebracht. Die Europäer besuchten im 16. Jahrhundert Japan und wollten an ihren kirchlichen Feier- und Festtagen (portugiesisch tempuras = Quatember, Bet- und Bußtage) diese Speisen essen. Die Japaner kannten und liebten schon ähnliche Zubereitungsarten und übernahmen nicht nur die Technik, sondern auch den Namen.

Thanksgiving Turkey
Erntedankessen aus den USA

1 großer säuerlicher Apfel

2 Stangen Bleichsellerie

1 Zwiebel

150 g Weißbrot vom Vortag

100 g USA-Sonnenblumenkerne

60 g Butter

1/2 Bund Petersilie

Salz, Pfeffer

2 Eier

2 EL Schlagsahne

50 g Rosinen

1 Babytruthahn (Pute)
(ca. 3 kg)

† † † † † † • Zubereitungszeit ca. 3 1/4 Stunden
Pro Person ca. 850 Kalorien • 3570 Joule

1. Für die Füllung Apfel schälen, vierteln, entkernen und in dünne Scheiben schneiden. Sellerie putzen und ebenfalls in Scheiben schneiden. Zwiebel schälen und hacken, Weißbrot fein würfeln, Sonnenblumenkerne grob hacken.

2. 30 g Butter zerlassen, vorbereitete Zutaten darin anrösten. Petersilie waschen, trockenschütteln, hacken und untermischen. Mischung salzen und pfeffern. Eier mit der Sahne verquirlen, zusammen mit den Rosinen unter die Füllung geben.

3. Truthahn gründlich waschen, trockentupfen und innen und außen mit Salz und Pfeffer einreiben. Füllung in die Pute geben. Die Öffnung mit Holzspießchen und Küchengarn fest verschließen. Flügel und Beine an den Körper legen und festbinden.

4. Truthahn mit der Brustseite nach oben in den vorgeheizten Backofen (E-Herd: 200 °C/Gasherd: Stufe 3) schieben und ca. 2 1/2 Stunden braten. Zwischendurch mehrfach mit der restlichen Butter einstreichen. Truthahn tranchieren, Brustfleisch in Scheiben schneiden. Dazu schmeckt Cranberry-Relish.

Überlebenshilfe der Pilgerväter

Truthähne stammen ursprünglich aus Mexiko und wurden bereits von den Indianern als Opfer- und Schlachtvieh gezähmt. Auch weiter im Norden Amerikas, im heutigen Neuengland, waren wilde Truthähne schon vor Jahrhunderten heimisch. Ohne sie wäre die Besiedelung Amerikas vermutlich viel langsamer vorangekommen. Denn als die Pilgerväter im Jahr 1620 in der neuen Heimat an Land gingen, waren die Vorräte fast verbraucht und der Hunger groß. Die Indianer dieser Region machten die Fremdlinge mit ihren Nahrungsmitteln vertraut und halfen ihnen so, den ersten Winter zu überstehen. Als sich die Pilgerväter nach dem ersten Jahr mit einem Erntedankfest bei ihren Lebensrettern bedankten, standen natürlich alle „neuen" Lebensmittel auf dem Tisch, und dazu gehörte auch der Truthahn. Bis heute hat sich daran nichts geändert, wenn amerikanische Familien „Thanksgiving" feiern, einen der wichtigsten Festtage des Landes. Stets kommt an diesem Tag ein gefüllter Truthahn auf den Tisch.

Thüringer Rotkrautwickel

Fein-würziges aus Deutschland

8 schöne Rotkohlblätter

1 kleine Zwiebel

1 EL Weinessig

1 Prise Zucker

1 Gewürznelke

300 g Steinpilze oder Pfifferlinge

40 g Butter

Salz, Pfeffer

4 EL Paniermehl

1 Ei, 1 EL Mehl

750 g Rinderhackfleisch

250 ml Bouillon

5 EL Rotwein

2 EL saure Sahne

♂♀♂♀ • Zubereitungszeit ca. 2 Stunden
Pro Person ca. 660 Kalorien • 2770 Joule

1. Rotkohlblätter in einen Topf geben, mit kochendem Salzwasser knapp bedecken. Zwiebel schälen, vierteln und mit Essig, Zucker und Gewürznelke zu den Kohlblättern geben. Diese im Gewürzsud halb weich kochen. Herausnehmen, gut abtropfen lassen.

2. Pilze putzen. 20 g Butter in einem Schmortopf erhitzen, Pilze darin anbraten, mit Salz und Pfeffer würzen, mit Paniermehl und Ei unter das Hackfleisch mengen, mit Salz und Pfeffer abschmecken.

3. Hack-Pilz-Masse auf die Kohlblätter verteilen. Blätter rechts und links um die Füllung einschlagen, aufrollen und zusammenbinden.

4. Restliche Butter im Bratfett erhitzen, mit Bouillon ablöschen. Rotkrautwickel hineinsetzen und bei mittlerer Hitze ca. 1 Stunde schmoren.

5. Rotkrautwickel aus dem Schmorfond heben. Mehl im Rotwein verquirlen, alles unter den Fond rühren und ca. 5 Minuten durchkochen lassen. Sahne unter die nicht mehr kochende Sauce rühren, mit Salz und Pfeffer abschmecken und zu den Rotkrautwickeln servieren.

TIPP Rotkohl verdankt seine blau-violette Farbe dem Inhaltsstoff Anthocyan, der bei Einwirkung von Säure in Rot umschlägt. Wollen Sie Ihren Kohl also schön farbenprächtig servieren, denken Sie daran, immer etwas Essig oder Zitronensaft zuzufügen.

Die andere Kohlroulade

Der ursprünglich aus China kommende Rotkohl hat im Gemüseanbaugebiet Thüringen eine lange Tradition. Kein Wunder also, dass es in der thüringischen Küche auch viele Rotkohlrezepte gibt. Besonders beliebt sind die mit Hackfleisch gefüllten Blätter: Die Rotkrautwickel.

Topfenpalatschinken
Traditionelles aus Österreich

Für die Palatschinken:

160 g Mehl

50 g Kölln Instant Flocken

375 ml Milch, 1 Prise Salz

2 Eier, 50 g Butter

Für die Füllung:

30 g Rosinen

1 EL Rum, 100 g Butter

3 EL Zucker, 2 Eigelb

250 g Topfen (Magerquark)

30 g Kölln Kernige Haferflocken

Fett für die Formen

Für den Guss:

4 Eigelb, 6 EL Milch

4 EL Puderzucker

👤👤👤👤👤 • Zubereitungszeit ca. 1 3/4 Stunden
Pro Person ca. 730 Kalorien • 3070 Joule

1. Mehl, Instant Flocken, Milch und Salz verrühren. Eier unterziehen. Teig 20 Minuten ausquellen lassen.

2. Butter nach und nach in einer Pfanne erhitzen und nacheinander 6 Palatschinken darin von beiden Seiten goldbraun backen.

3. Für die Füllung Rosinen in Rum mit etwas Wasser quellen lassen. Butter, Zucker und Eigelb schaumig rühren. Topfen, Rosinen und Haferflocken unterrühren. Palatschinken mit der Topfencreme bestreichen, aufrollen und dicht nebeneinander in zwei gefettete, feuerfeste Formen legen.

4. Für den Guss Eigelb und Milch verrühren, über die Palatschinkenrollen streichen und alles im vorgeheizten Backofen (E-Herd: 200 °C/Gasherd: Stufe 3) 20–25 Minuten überbacken. Mit Puderzucker bestäubt servieren.

TIPP Das Schwierigste beim Palatschinkenbacken ist das Wenden. Damit Sie keine Probleme haben, lassen Sie den von einer Seite fertig gebackenen Palatschinken vorsichtig auf einen großen Topfdeckel gleiten. Legen Sie dann die Pfanne darüber und drehen Sie alles mit Schwung herum. Nun kann die andere Seite backen.

Ein Schinken, der nicht vom Schwein kommt

Korrekt eine Palatschinke (gesprochen „pala-tschinke") ist keineswegs ein Schinken, sondern ein Eierkuchen. Diese Mehlfladen bereiteten die Römer schon zur Kaiserzeit zu. Bei ihnen hießen sie, mit einem griechischen Lehnwort, placenta (= Kuchen). Von den Römern lernten Rumänen (placinta) und Ungarn (palacsinta) die köstliche Kunst. In Österreich wurden dann Palatschinken daraus. Werden diese süßen Leckereien mit Quark (österreichisch Topfen, abgeleitet aus dem althochdeutschen topho = Tupfen, Punkt, also geronnene Milchklümpchen) gefüllt, heißen sie eben Topfenpalatschinken.

Tortilla de patata

Fingerfood aus Spanien

1 kg mehligkochende Kartoffeln (z.B. Aula oder Irmgard)

1 Bund Lauchzwiebeln

60 g Meggle Kräuterbutter

Salz, Pfeffer

6 Eier

• Zubereitungszeit ca. 1 1/4 Stunden
Pro Person ca. 280 Kalorien • 1180 Joule

1. Kartoffeln schälen und in kleine Würfel schneiden. Lauchzwiebeln putzen und in schmale Ringe schneiden.
2. Kräuterbutter in einer beschichteten Pfanne erhitzen. Kartoffelwürfel darin bei mittlerer Hitze 25 Minuten unter gelegentlichem Rühren garen. Zwischendurch die Pfanne für 10 Minuten abdecken. Nach 15 Minuten die Lauchzwiebeln zufügen. Mit Salz und Pfeffer würzen.
3. Eier verquirlen und über die Kartoffel-Zwiebel-Mischung gießen. Bei schwacher Hitze und geschlossenem Deckel ca. 15 Minuten stocken lassen. Tortilla wenden und auf der zweiten Seite weitere 10 Minuten zu Ende garen. Tortilla in Tortenstücke schneiden und heiß oder kalt servieren. Dazu schmeckt ein Tomatendip.

TIPP Wenn Sie sich nicht trauen die Tortilla zu wenden, können Sie sie statt auf dem Herd auch im Backofen stocken lassen. Gießen Sie dafür die verquirlten Eier in eine gefettete feuerfeste Form, geben die Kartoffel-Zwiebel-Mischung hinein und stellen die Form in den vorgeheizten Backofen (E-Herd: 175 °C/ Gasherd: Stufe 2). Dort stockt die Tortilla in 10–15 Minuten.

Eierkuchen mit Weltniveau

Jedes spanische Kochbuch hat ein gesondertes Kapitel, das die verschiedenen Eiergerichte beschreibt. Einen großen Raum davon nehmen die unterschiedlichen Tortillas ein. Zu Recht hat sich für die „tortilla de patata" der Name „tortilla española" eingebürgert. Tortilla heißt im spanischen kleiner Fladen und leitet sich von torta = Fladen, Kuchen ab. Und wie eine flache Torte wird die Tortilla auch bei Tisch in spitze Stücke aufgeschnitten.

Updrögt-Bohnen

Norddeutscher Eintopf

500 g grüne Bohnen

1 Zwiebel

750 g magerer durchwachsener Speck

Salz, Pfeffer

500 g Kartoffeln

2 Kochmettwürste (à 100 g)

• Zubereitungszeit ca. 2 Stunden (ohne Wartezeit)
Pro Person ca. 1470 Kalorien • 6170 Joule

1. Bohnen auf einen dünnen Faden aufziehen und an einem trockenen Ort aufhängen. Wenn die Bohnen getrocknet sind, in Stoffbeuteln aufbewahren.
2. Getrocknete Bohnen waschen, putzen, in Stücke brechen und über Nacht einweichen.
3. Einweichwasser wegschütten, Bohnen mit kaltem Wasser aufsetzen und ca. 1/2 Stunde köcheln lassen. Danach das Wasser abgießen.
4. Zwiebel schälen und fein hacken, Speck in Scheiben schneiden, beides zusammen mit den Bohnen in 500 ml Wasser 1 1/2 Stunden köcheln lassen. Mit Salz und Pfeffer würzen.
5. Kartoffeln schälen, würfeln und 30 Minuten vor Ende der Garzeit mit den Mettwürsten in den Eintopf geben.

TIPP Die meisten grünen Brechbohnen sind inzwischen fadenlos gezüchtet. Haben Sie trotzdem welche mit Fäden erwischt, legen Sie die Bohnen kurz in kochendes Wasser, danach lassen sich die Fäden ganz leicht abziehen. Und denken Sie daran: Bohnen niemals roh verzehren. Die grünen Schoten enthalten Phasin, einen Stoff, der Magen- und Darmentzündungen hervorruft. Kochen zerstört das Phasin.

Ostfriesisches Nationalgericht

Als die Tiefkühltruhe noch nicht erfunden war, wurden die im Herbst geernteten Bohnen entweder eingekocht oder in ostfriesischen Haushalten an langen, dunklen Abenden auf Bohntjebänder aufgezogen. Die Bänder wurden anschließend unter der Küchendecke oder auf dem Boden aufgehängt und erhielten so ihren typischen Geschmack nach Rauch. Den Winter über konnte so immer der beliebte Eintopf zubereitet werden. Je nach Temperatur und Luftfeuchtigkeit brauchen die Bohnen 1 1/2 bis 2 Monate zum Trocknen.

Waldorfsalat
Rohkost aus den USA

400 g Knollensellerie

Saft von 1/2 Zitrone

2 säuerliche Äpfel (z. B. Braeburn)

1 Beutel Knorr Salatkrönung "Würzige Gartenkräuter"

100 g saure Sahne

2 EL Salatmayonnaise

1 TL Honig

150 g blaue Weintrauben

60 g Walnusskerne

👤👤👤👤 • Zubereitungszeit ca. 30 Minuten
Pro Person ca. 260 Kalorien • 1090 Joule

1. Sellerie schälen, halbieren, erst in dünne Scheiben, dann in feine Streifen schneiden. Selleriestreifen sofort mit Zitronensaft vermischen. Äpfel schälen, vierteln, entkernen, in feine Stifte schneiden und unter den Sellerie mischen.
2. Beutelinhalt Salatkrönung mit saurer Sahne, Salatmayonnaise und Honig verrühren. Sauce unter die Salatzutaten mischen.
3. Weintrauben waschen, halbieren und entkernen, Walnüsse grob hacken, beides unter den Salat mischen. Waldorfsalat 20 Minuten durchziehen lassen.

TIPP Eine leckere Waldorfsalat-Variante erhalten Sie, wenn Sie eine Baby-Ananas in Stücke schneiden und unter den fertigen Salat mischen.

Erfinderwerkstatt Hotelküche

John Jacob Astor (1763–1848) wurde in Waldorf nah bei Heidelberg geboren. Als junger Mann wanderte er nach Amerika aus, um sein Glück zu machen. Durch Pelzhandel und Grundstücksspekulationen erwarb er sich ein riesiges Vermögen. Mit einem Teil des Geldes baute er in New York das legendäre Waldorf-Astoria-Hotel. In der Küche dieses „Palastes der Gastlichkeit" wurde der Waldorfsalat für die Eröffnungsnacht des neuen Hauses vom Küchenchef Oskar Tschirsky kreiert. In seiner klassischen Form besteht der Waldorfsalat nur aus rohen Sellerie- und Apfelstreifen, Walnüssen und Mayonnaise. Inzwischen wird er auf der ganzen Welt vielfältig abgewandelt.

Welfenspeise
Cremiges aus Deutschland

500 ml Milch

50 g Speisestärke

120 g Zucker

1 Vanilleschote

3 Eier

1 Dose (236 ml) Libby's
Ananans Dessert-Stücke

250 ml Weißwein

♦♦♦♦ • Zubereitungszeit ca. 30 Minuten (ohne Wartezeit)
Pro Person ca. 380 Kalorien • 1600 Joule

1. Sechs EL Milch mit 40 g Speisestärke und 40 g Zucker verrühren. Restliche Milch in einen Topf gießen. Vanilleschote der Länge nach halbieren, das Mark mit einem Messerrücken herauskratzen. Vanille-mark und -schale in die Milch geben. Alles zum Kochen bringen. Vanilleschote entfernen. Angerührte Speisestärke einrühren und einmal aufkochen lassen.

2. Eier trennen. Eiweiß steif schlagen und unter die heiße Creme rühren, erneut aufkochen. Ananas abtropfen lassen und unter die Creme ziehen. Creme in Portionsschälchen füllen und erkalten lassen.

3. Für den Weinschaum Eigelb, restlichen Zucker, Speise-stärke und Wein schaumig rühren, in ein warmes Wasserbad setzen und so lange aufschlagen, bis sich die Masse verdoppelt hat. Die Masse darf dabei nicht kochen. Weinschaum erkalten lassen und auf die Ananascreme verteilen.

TIPP So verhindern Sie, dass Milch anbrennt. Spülen Sie einen kratzerfreien Topf mit kaltem Wasser aus – danach nicht abtrocknen. Anschließend Milch hineingießen und langsam aufkochen lassen. Rühren Sie dabei zu Beginn mehrmals um, damit die Milch am Topfboden nicht zu heiß wird.

Königliches Farbenspiel

Seit Heinrich dem Löwen (1129–1195) ist der welfische Löwe das Wappentier für das Land zwischen Elbe und Weser. Kein Wunder also, dass die Könige von Hannover aus dem Herrscher-geschlecht der Welfen die Farben gelb und weiß auf ihrem Banner tragen. Ihre Hausfarben gaben der Welfenspeise aus weißer Vanillecreme und gelber Weinschaumsauce ihren Namen.

Westfälisches Blindhuhn
Bohnen-Eintopf aus Deutschland

♦♦♦♦ • *Zubereitungszeit ca. 2 1/4 Stunden*
Pro Person ca. 660 Kalorien • 2770 Joule

1. Weiße Bohnen über Nacht in 2 Liter Wasser einweichen.

2. Am nächsten Tag die Bohnen im Einweichwasser zusammen mit dem Speck 60–70 Minuten kochen.

3. Bohnen putzen. Möhren und Kartoffeln schälen und in Scheiben schneiden. Gemüse in den Eintopf geben und weitere 30 Minuten kochen.

4. Äpfel und Birnen schälen, vierteln, entkernen und in Scheiben schneiden. Obst in den Eintopf geben. Weitere 30 Minuten garen.

5. Zwiebeln schälen, fein würfeln und in der heißen Butter glasig dünsten. Zum Eintopf geben, diesen mit Salz und Pfeffer abschmecken. Petersilie waschen, trockenschütteln und zum Schluss über das Blindhuhn streuen.

200 g weiße Bohnen

500 g magerer durchwachsener Speck

300 g grüne Bohnen

300 g Möhren

300 g Kartoffeln

200 g säuerliche Äpfel

200 g Birnen

2 Zwiebeln

30 g Butter

Salz, Pfeffer

1/2 Bund Petersilie

TIPP Birnen werden nicht am Baum reif, sondern müssen einige Tage im Lager oder dem Haushalt nachreifen. Die so genannte Pflück- und Genussreife liegen also zeitlich auseinander. Das sollten Sie beim Einkauf beachten. Reife Birnen bekommen sehr leicht Druckstellen; nicht ausgereifte Früchte sind robuster, lassen sich besser transportieren und reifen bei Zimmertemperatur schnell nach. Kaufen Sie vollreife Birnen nur dann, wenn Sie sie sofort verzehren wollen.

Bunte Mischung – geflügelfrei

Woher dieser merkwürdige Name kommt ist unbekannt. Weder ein blindes noch ein sehendes Huhn kam diesem urwestfälischen Eintopf auch nur in die Nähe. Bekannt dagegen ist, dass schon Henriette Davidis (1800–1876) das Blindhuhn in ihrem Kochbuch erwähnte. „Blindhuhn", so schrieb sie, „muss recht saftig gekocht sein und von den Äpfeln einen nur leicht säuerlichen Geschmack erhalten." Außerdem schlug sie vor, mit etwas Essig auszugleichen, was den Äpfeln an Säure fehlen sollte.

Wiener Schnitzel
Klassiker aus Österreich

ŧ ŧ ŧ ŧ • Zubereitungszeit ca. 1 Stunde
Pro Person ca. 560 Kalorien • 2350 Joule

1. Champignons putzen, Stiele herausdrehen und fein würfeln. Zwiebel schälen und hacken. Porree putzen und in schmale Ringe schneiden. Pilzwürfel, Zwiebel und Porree in der Butter 5 Minuten dünsten. Crème fraîche und Käse einrühren, mit Salz und Pfeffer abschmecken. Masse in die Champignonköpfe füllen. Pilze in eine kleine Auflaufform setzen und im vorgeheizten Backofen (E-Herd: 225 °C/Gasherd: Stufe 4) ca. 10 Minuten überbacken.

2. Kartoffeln schälen und grob reiben. Kartoffelmasse mit Salz und Pfeffer würzen und im heißen Butterschmalz zu kleinen Reibekuchen abbacken.

3. Kalbsschnitzel trockentupfen und flach klopfen. Mehl und Paniermehl in je einen tiefen Teller schütten. Eier in einem tiefen Teller verquirlen. Fleisch salzen, pfeffern, zuerst im Mehl, dann im Ei und zum Schluss im Paniermehl wenden. Panade gut andrücken. Butterschmalz in einer Pfanne erhitzen und die Schnitzel hineinlegen, bei mittlerer Hitze ca. 6 Minuten braten, dabei das heiße Bratfett mit einem Löffel immer wieder über die Schnitzeloberseiten gießen. Champignons auf die Reibekuchen setzen, dazu die Wiener Schnitzel servieren.

Für die Beilagen:

4 große Champignons

1 Zwiebel

1 kleine Stange Porree (Lauch)

1 EL Butter, 4 EL Crème fraîche

1 EL geriebener Käse

Salz, Pfeffer

500 g mehligkochende Kartoffeln

2 EL Butterschmalz

Für die Schnitzel:

4 dünne Kalbsschnitzel aus der Oberschale (à 150 g)

2–3 EL Mehl

3–5 EL Paniermehl

2 Eier, Salz, Pfeffer

75 g Butterschmalz

TIPP
Viele Köche klopfen Schnitzel vor dem Braten, um die Faserstruktur zu lockern und so das Fleisch zart zu machen. Geschieht das jedoch ohne Gefühl, mit harten Schlägen, wird selbst das saftigste Fleisch trocken und zäh. Schnitzel, die ein fachkundiger Fleischer von einem guten Stück dünn abgeschnitten hat, brauchen Sie nicht unbedingt zu klopfen.

Kulinarisches Militärgeheimnis

Kaum zu glauben, aber die Geschichte erzählt, dass das Wiener Schnitzel ein militärisches Geheimnis war. Der legendäre Feldmarschall Graf Joseph Radetzky (1766–1858) ließ während des Krieges gegen Italien – als militärisches Geheimnis – nach Wien melden, dass die Mailänder ihr Schnitzel vor dem Braten in Paniermehl wenden. Die Wiener probierten diese Zubereitungsart aus, waren begeistert und braten auch heute noch die Kalbsschnitzel in einer Panade.

Züricher Geschnetzeltes

Feines aus der Schweiz

500 g Kartoffeln
600 g Kalbfleisch
150 g Pfifferlinge
2 Zwiebeln
3 EL Butter
3 1/2 EL Raps-Kernöl
Salz, Pfeffer
1 EL Mehl
100 ml Gemüsebrühe
250 ml Kaffeesahne (10 %)
50 ml Weißwein
1/2 Bund Petersilie
1 Ei

• Zubereitungszeit ca. 1 Stunde (ohne Wartezeit)
Pro Person ca. 550 Kalorien • 2310 Joule

1. Kartoffeln in der Schale kochen, abgießen, abschrecken, pellen und abkühlen lassen.
2. Kalbfleisch in feine Streifen schneiden. Pilze putzen. 1 Zwiebel schälen und fein hacken.
3. 2 EL Butter und 1/2 EL Öl in einer Pfanne erhitzen, Fleisch darin portionsweise anbraten und wieder herausnehmen, salzen und pfeffern. Zwiebelwürfel im Bratfett glasig dünsten, Pilze zufügen und 1–2 Minute mitbraten, herausnehmen, mit Salz und Pfeffer würzen. Restliche Butter im Bratensatz zerlassen, Mehl einrühren, ausquellen lassen, dann mit Brühe ablöschen und aufkochen lassen, Kaffeesahne und Wein zufügen und alles 5 Minuten köcheln lassen. Petersilie waschen, trockenschütteln, hacken und zusammen mit Fleisch und Pilzen in die Sauce geben.
4. Für die Rösti Pellkartoffeln raspeln. Zweite Zwiebel schälen, hacken und mit dem Ei unter die Kartoffelmasse mischen, mit Salz und Pfeffer würzen. Aus der Kartoffelmasse Rösti formen und im restlichen heißen Öl von beiden Seiten knusprig braten. Zusammen mit dem Geschnetzelten servieren. Dazu schmeckt ein gemischter Salat.

TIPP Das Fleisch lässt sich besonders gut in feine Streifen schneiden, wenn Sie es vorher kurz ins Gefriergerät legen.

Am besten mit Rösti

Was für die Russen das Boeuf Stroganow ist für die Schweizer ihr Züricher Geschnetzeltes. Beide Gerichte, das eine aus Rind-, das andere aus Kalbfleisch, sind inzwischen auf den Speisekarten der ganzen Welt zu finden. Übrigens – früher servierte man in Zürich zu dem Geschnetzelten Hörnle und Apfelmus. Heute gibt es fast überall Rösti (gesprochen: Rööschti) dazu. Dieser goldgelbe, pfannkuchenähnliche Fladen war ursprünglich ein Bauernfrühstück, das mitten auf den Tisch gestellt wurde und von dem sich jeder mit einem Löffel ein Stück abbrach.

Zwiebelkuchen

Würziges aus Weinbaugebieten

♦♦♦♦♦♦ • Zubereitungszeit ca. 2 Stunden
♦♦♦♦♦♦ Pro Person ca. 420 Kalorien • 1760 Joule

Für den Belag:

750 g Zwiebeln

3 EL Raps-Kernöl

200 g Camembert

2 EL Speisestärke

500 g saure Sahne

6 Eier, Salz, Pfeffer

abgeriebene Muskatnuss

200 g magerer durchwachsener Speck in dünnen Scheiben

Für den Teig:

300 g Mehl, 4 TL Backpulver

5 EL Raps-Kernöl

200 ml Buttermilch

1 Prise Salz

Fett fürs Blech

1/2 Bund Petersilie

1. Zwiebeln schälen, in Ringe schneiden und im Öl ca. 30 Minuten dünsten. Camembert entrinden und mit einer Gabel zerdrücken. Speisestärke in der Sahne glatt verrühren und mit dem Camembert vermengen. Eier unterrühren und alles mit den gedünsteten Zwiebeln vermischen, mit Salz, Pfeffer und Muskat würzen. Speckscheiben in Streifen schneiden.
2. Für den Teig Mehl und Backpulver mischen, Rapsöl, Buttermilch und Salz unterkneten. Teig auf einem gefetteten Backblech ausrollen.
3. Zwiebelmasse auf dem Teig verstreichen, Speckstreifen darauf verteilen. Zwiebelkuchen im vorgeheizten Backofen (E-Herd: 200 °C/Gasherd: Stufe 3) ca. 45 Minuten backen. Petersilie waschen, trockenschütteln, hacken und über den fertigen Zwiebelkuchen streuen.

TIPP Zum Zwiebelkuchen schmeckt ein würziger Weißwein am besten. Zum Beispiel ein Sylvaner, ein Edelzwicker oder ein Federweißer.

Der Kuchen zum Wein

Wenn im Herbst die Trauben in den Fässern gären, riecht es in den Weinbaugebieten allerorts nicht nur nach Weinhefe, sondern auch nach Zwiebelkuchen. Denn junger Wein und Zwiebelkuchen haben schon eine Jahrhunderte alte gemeinsame Geschichte. Der pikante Kuchen passt einfach am besten zum frischen Federweißen. Dieser Wein, auch Sauser, Brauser, Rauscher oder Kretzer genannt, ist eigentlich ein Übergangsprodukt vom Most zum Wein. Am Anfang der Gärung schmeckt er noch mostsüß, ist alkoholarm und hefetrüb (von den federartigen Flocken kommt der Name). Von Tag zu Tag wird der Wein aber gehaltvoller, bis hin zum durchgegorenen Jungwein mit ca. 9,5 Vol.%.

© Gondrom Verlag GmbH, Bindlach 2004

Autorin: Sabine Kählau für INTERPILL MEDIA GMBH, Hamburg
Koordination: Gerd Grohbrüg
Layout: freestyle computer, Günter Hagedorn & Maria Sperr, Hamburg
Fotos: Abraham Schinken, Butterschmalz, Californische Mandeln, CMA, CMA Euro RSCG ABC, Deutsche Butter, CMA deutsches Ei, Danisco Destillers, FIZ, Fuchs Gewürze, GMF, KIKKOMAN, KNORR, Peter Kölln, Köllnflockenwerke, Langguth, MAGGI KOCHSTUDIO, MAZOLA, Medien-Service Kujawski, MEGGLE, Odenwald, Switzerland Cheese Marketing, Seafood aus Norwegen, Sopexa, THE FOOD PROFESSIONALS, USA RICE FEDERATI-ON, USA Sonnenblumenkerne, Wirths
Covergestaltung: Susanne Niemetz
Umschlagfoto: Getty Images, München

001

ISBN 3-8112-2365-8

5 4 3 2 1